アメリカ歴代大統領の通信簿

―44代全員を５段階評価で格付け―

八幡和郎

祥伝社黄金文庫

はじめに　「アメリカの民主主義」は世界の希望であり続けられるのか

「独立宣言（デクラレーション・オブ・インデペンダンス）」から240年ものあいだ、1度たりとも革命の争乱がなかったことは、「アメリカの民主主義」の偉大さを何より雄弁に証明している。政治に不満があっても、選挙を通じて是正を主張することが可能だ、という信頼感がアメリカほど確固とした国はない。

南北戦争《シビル・ウォー》という不幸はあったが、南部の人々もアメリカ合衆国を転覆しようとしたわけではないし、彼らの建設しようとした国も同じような政治制度を持っていた。

だが、アメリカが世界から特別の信頼と敬意を持たれる時代は終わった。戦後になってからは主要先進国でのクーデターや革命は皆無であり、アメリカが特別ではなくなった。

世界中で「尊敬する人」と評価される大統領を何人も出してきたアメリカの政治システムだったが、優れた大統領をコンスタントに生み出せなくなっていることも否定できない。

２０１６年大統領選挙でのドナルド・トランプ、テッド・クルーズ、バーニー・サンダースなど、それぞれに傾向は違うが、従来のアメリカ的価値観からはずれていること、エスタブリッシュメントの支持を得ず、白人貧困層の支持が頼りであることで共通している。世界が望むような大統領と現実にアメリカ人が持つ大統領像にギャップが生じてきていることは、アメリカがなお世界で占めている力に鑑《かんが》みれば世界にとっても憂慮すべき事態なのである。

アメリカは移民の国である。日本も含めて普通の国では、ほとんどの国民が自分の先祖がいつからその国にいるかを知らないが、アメリカでは自分たちの先祖がいつ、どこからアメリカに、なぜやってきたかを知っている。

そのなかには、奴隷として連れてこられたアフリカ系の人々もいるが、ほとんどは、新大陸にチャンスを求めて自分の意志でやってきたのである。

ニューヨークの自由の女神《スタチユー・オブ・リバティ》の像の近くにあるエリス島での簡単な入国審査が終わると、すぐにでも好きな土地に出発することができたし、西部のフロンティアだけでなく、大都市でも外国人の働く場所が容易に見いだせた。信教も自由なら生活習慣も多様であることが許された。

言論が制度として自由であるというだけでなく、イギリスの清教徒革命を経て確立した健全な討論の習慣、反対派の存在に寛容な政治的伝統を独立より前につくっていたのである。

移民たちも、先着者と同等ではないにせよ、本国にとどまったままでは得られないようなチャンスが与えられ、アメリカは「機会均等《イコール・オポチュニティ》の国」と呼ばれた。

だが、19世紀の終盤から始まった移民選別とその後の制限措置によって移民の国としての性格は減退し、ダイナミズムも失われていった。それでも、2度の世界大戦では、ヨーロッパ諸国同士の戦争で潤う「死の商人の国」としてますます豊かになり、彼らが戦いに疲れたところで軍事介入して戦後体制の主導権を握り、「アメリカの平和《パックス・アメリカーナ》」を現出させた。

もちろん、いまでもアメリカの栄光が消え去ったわけでなく、世界の多くの人にとって魅力的な国であり続けている。だが、それは、軍事力に偏って支えられてきたものでもあって、脆《もろ》く危ういものになっていることは金融危機や中国の台頭でも明らかになった。

本書は、こうしたアメリカ民主主義の歴史と未来を、歴代大統領という「通信簿」というフィルターを通じて眺めようというものである。より分かりやすくするために、「通信簿」という形で評価を点数化し、読者の理解を助けるための材料にした。また、これまでの同種の本と比べて経済問題についての比重を高いものとした。

本書は記述の形式においても、点数評価の方法においても、『歴代総理の通信簿』（PHP文庫）とできるだけ同じ方針で書いたので、読み比べていただければ幸いである。また、日米関係については、『日本人の知らない日米関係の正体』（SB新書）を併せお読みいただきたい。日米という2つの国家の歴史を成り立ちに遡って考えていただけると好ましいと思う。

なお、本書の執筆にあたっては、3人の専門家に手伝っていただいた。ただし、本文については私に、コラムについては、その末尾に挙げている執筆者に文責がある。

八幡和郎

アメリカ歴代大統領の通信簿　目次

第三章　開拓時代の大統領　ジャクソンからブキャナン

第四章　南北戦争と再建の時代　リンカーンからアーサー

第六章　第二次世界大戦と冷戦の開始　ハーディングからアイゼンハワー

コラム

図表

帯写真／AFP＝時事
本文中の大統領肖像／ホワイトハウス
(https://www.whitehouse.gov/1600/Presidents)

政党支持の推移

※民主・共和両党が拮抗した選挙を選んで紹介した

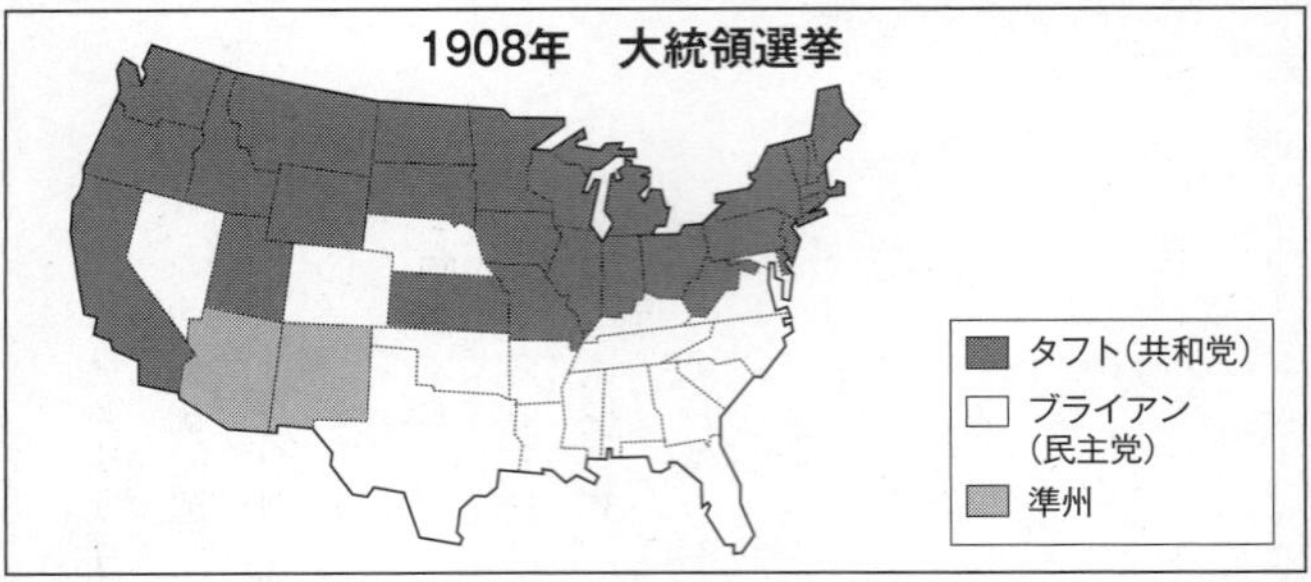

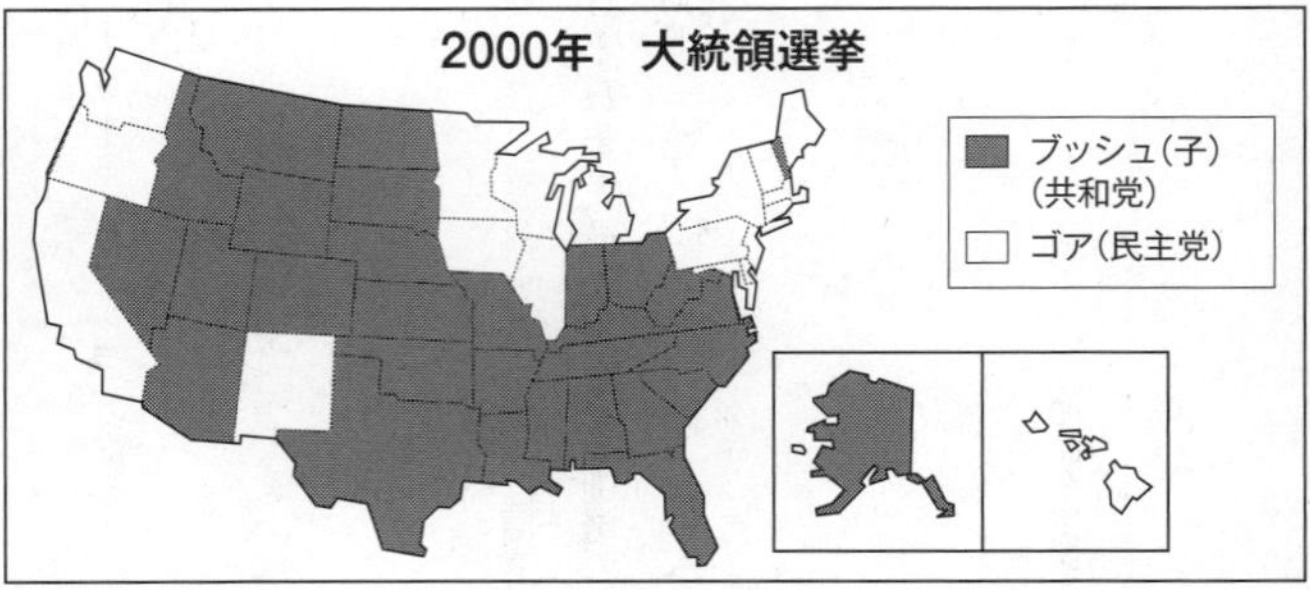

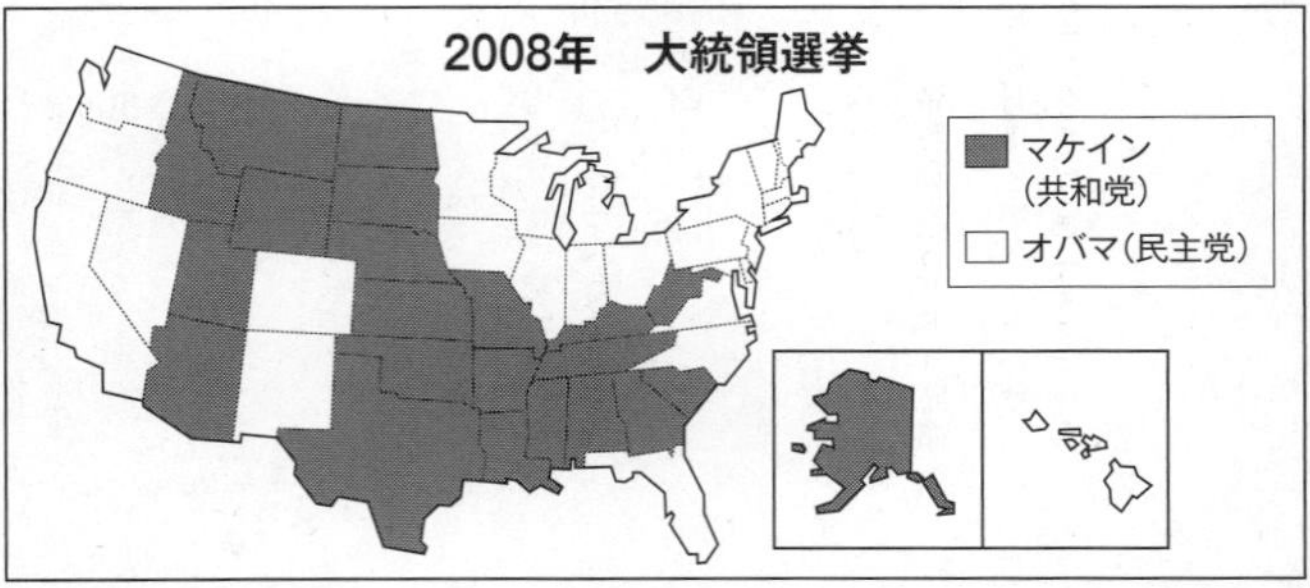

第一章

歴代大統領をランク付け

歴代大統領の通信簿

評価	代	大統領名	評価	代	大統領名
A	1	ワシントン	C	35	ケネディ
A	11	ポーク	C	36	L.ジョンソン
A	16	リンカーン	C	37	ニクソン
A	26	T.ルーズベルト	C	40	レーガン
A	32	F.ルーズベルト	C	44	オバマ
B	3	ジェファーソン	D	8	バンビューレン
B	5	モンロー	D	12	テイラー
B	21	アーサー	D	13	フィルモア
B	22･24	クリーブランド	D	14	ピアース
B	25	マッキンリー	D	17	A.ジョンソン
B	28	ウィルソン	D	33	トルーマン
B	42	クリントン	D	34	アイゼンハワー
C	2	J.アダムズ	D	38	フォード
C	4	マディソン	D	39	カーター
C	6	J.Q.アダムズ	D	41	ブッシュ（父）
C	7	ジャクソン	E	15	ブキャナン
C	10	タイラー	E	29	ハーディング
C	18	グラント	E	31	フーバー
C	19	ヘイズ	E	43	ブッシュ（子）
C	23	B.ハリソン	評価不能	9	W.ハリソン
C	27	タフト	評価不能	20	ガーフィールド
C	30	クーリッジ	評価不能	45	？？？？？

≫人気投票ではなく、正しく仕事の評価を

アメリカの偉大な大統領は誰かと問えば、アメリカ人も日本人もワシントン、ジェファーソン、リンカーン、ウィルソン、フランクリン・ルーズベルトなどをあげる。だが、これでは世界史の教科書に出てくる有名人を並べただけだ。戦争を始めた大統領ばかりなのもよろしくない。

あるべき政治を求めることに役立てようとすれば、もっと緻密にその大統領がアメリカ国民と世界のために真摯に考え行動したかどうかを問うべきである。その一方で、大統領の職と関係ない仕事や私生活は評価の対象にすべきでない。

私は『歴代総理の通信簿』（ＰＨＰ文庫）という本を書いたとき、大隈重信を最低ランクの1人にした。自由民権運動への貢献や早稲田大学を創立したことも、人格的魅力も、よい総理である理由にはならない。総理としての大隈は対華21か条と、史上最悪の選挙干渉の張本人として評価するべきだと考えたからである。

アメリカでもカーターは離任ののちに平和に貢献しノーベル平和賞を獲得したが、大統領時代の外交はお粗末だった。グラントの軍人としての栄光や、ジェファーソンの「独立宣言」への貢献も大統領としてのものではない。

私は政治家であれ経済人であれ、評価をする場合の基準は、①優先的に取り組むべき課題が何であるかを正しく把握したか、②その課題を解決するための方策を正しく立てたか、③それを実行する政治力を発揮したか、だと考える。

そのとき、世界によい影響を与えたか、状況がどれだけ難しいものであったのか、いかに得難い才能や業績であったかも考慮しなくてはならない。たとえ、大きな成果があっても、誰がやっても遅かれ早かれそうなったのか、その人がいなければまったく違う展開になっていたのかでは大違いだ。

たとえば、ケネディやジョンソン時代に人種差別は急速に撤廃されたのだが、世界的状況からしても、猶予は許されなかったのであって、たとえばケネディでなくニクソンが当選しても同じことをしたと思うので、あまり高評価したくない。

また、個人的な生活ぶりが国民のよき模範になったかどうかは、私はあまり重視しないが、アメリカの大統領は元首だから、日本の総理の場合以上にそれを問う人も多い。

田中角栄にいまなお最高点を与える不思議な人もいる日本と違って、アメリカでは汚職なども含めたスキャンダルの有無がたいへん重視される。だが、たまたま表面化したかどうかで判断するのが適切かどうかともいえるし、大統領が人間的に立派なことだけで国民がそれほど幸福になるわけではないので、あまり重きを置きすぎるのは不適切だろう。

何もやらないのが正しいこともあるから、派手な業績がないからといって低い評価にはできない。逆に経済が好調で平和な時代に、次の時代への備えをしないのは大減点であるべきだ。典型的にはアイゼンハワーがそうである。

あるいは、しばしば、進歩派《リベラル》といわれる人の評価が高くなりがちだが、社会運動家ならともかく、大統領としては、時期尚早の改革実行は先見の明の発露とはいえず、好ましいことでもない。もちろん、成果はすぐに上がらずとも、将来につながったというなら、それなりに評価すべきだ。

いくつかの項目ごとに採点し、これを合算して評価しようという試みも正しくない。それぞれの基準が同じ重みではないはずだし、比重は時代とともに変化するはずだからだ。

≫最高評価はワシントン、リンカーン、2人のルーズベルトと無名のポーク

20ページに掲げたのは私自身の評価である。また35ページのものは、アメリカにおけるいくつかの調査の結果と、本書の共同執筆者の3人がある特定の視点から行った評価である。

アメリカにおける調査の結果はどれも似たり寄ったりなのだが、1999年にC－SPAN（ケーブルサテライト広報ネットワーク）が行った「大統領指導力」の調査は、58名の学術的歴史家による意見と一般視聴者の投票が比べられて興味深い。

先にも書いたように、アメリカ人は政策的な内容より人格的なイメージを重視する傾向にあるので、私の評価とはそもそも視点が違う。

共同執筆者の評価について説明すると、古家弘幸のものは経済政策を重視し、全体の半分程度の重さをそこに置いている。吉田健一のものは、世界史的な視点での評価である。河田桂子のものは、ニューヨークに住むリベラルな女性が、在任中の業績重視の観点から評価すればどうなるだろうかという視点を試みてみた。

以下、私の評価について、アメリカにおけるいくつかの調査の結果や共著者3人の評価にも触れつつ解説することとする。

まず、ガーフィールドとW・ハリソンについては、就任後、それほどの月日がたたずに死去したため、在任中の業績について評価は不可能であるので「評価不能」としている。

私が最高評価としているのはワシントン、ポーク、リンカーン、セオドア・ルーズベルト、フランクリン・ルーズベルトの5人である。

のちにも書くが、アメリカ大統領というポストは、ワシントンという適任者がいたから創始されたと言われるくらいであるから、別格的存在である。

リンカーンは奴隷解放《イマンシペーション》ばかりが強調されるが、戦争指導、経済対策、戦後の見通しなど万般にわたって緻密で、どこから見ても優れた大統領だ。彼はユークリッドの幾何学の心酔者であり、イソップの愛読者だったが、それぞれから明快な論理性と温かいユーモアを学んでいた。

演説の見事さ、ディベートにおける強さ、誠実さ、敵に対する包容力、クリーンであることなども美点であるし、「丸太小屋《ログ・キャビン》からホワイトハウス」というアメリカン・ドリームを体現していることも、アメリカ民主主義のシンボルとしてふさわしい。

ポークは無名だが、アメリカの版図《はんと》を西部へ広げ、財政や関税政策の革新などを実現した。初めに目標を正しく設定し、1期4年を猛烈な仕事ぶりで献身的にやりとげた人物である。派手好みのアメリカ人からはベストテンにはなんとか入る程度の評価しか受けていないが、完璧な業績であって、リンカーンと並ぶ高い評価をするべきだと考える。私の好きなタイプの指導者だ。

総合的に見て、戦時のリンカーン、平時のポークをもって最高の大統領としたい。

セオドア・ルーズベルトとウィルソンについては、どちらを評価すべきか意見が分かれるところである。かつては、理想主義的な色彩が強いウィルソンに人気が高かったが、思想家としてはともかく、ウィルソンの政策は政治的な未熟さから現実化しておらず、また、最後のころは経済政策は粗雑となり、ついには病気に倒れたにもかかわらず、人にも会わずに大統領を続けたのも評価できないところなので、Bランクにとどめた。

一方、セオドア・ルーズベルトは、「棍棒《ビッグ・スティック》外交」に批判はあるが、ポーツマス条約に見られるように現実的で公正な成果を十分にあげていることを評価すべきだと考え、最高ランクにした。ジョン・マケインが尊敬する政治家としてあげたことも話題となった。

フランクリン・ルーズベルトは、ニューディールに類する政策は各国とも実施していたものだし、経済の回復は戦争のおかげでもある。外交政策についてもスターリンを甘く見たり、蔣介石を買いかぶったのが戦後の混乱につながった。だが、人事の巧妙さなど見事なもので、上記の4人ほどの評価はしないが総合的なレベルの高さを評価し、いちおうAランクに入れた。ただし、母親の実家の事業の関係もあって、中国に過度に肩入れするなど、日本にとってはいい大統領でなかった。また、そのことが太平洋戦争の原因のひとつとなった。しかし、ここではアメリカ人の立場から見た評価なので、これらはカウントしない。

過酷なインディアン弾圧は減点すべき

普通なら最高ランクにされるジェファーソンについては、独立宣言など大統領就任以前の功績は考慮しなかったし、インディアンに対する抑圧政策の立役者なので、それも減点対象とすべきだと考え、Bランクとした。もちろん、アメリカ民主主義の方向を確立するにあたっての彼の功績をもっと高く見るべきだという意見もあろう。

アダムズ親子については、見識の高さでは歴代大統領でもトップクラスで卓越したものがあるが、政治的基盤の弱さから十分に力を発揮できなかったのでCランクにした。父親の方については、２００１年にデイビッド・マッカローという人が伝記を書いたのがベストセラーとなり、再評価された。ただ、それは、彼の一生についての評価であって、大統領在任中にその才能にふさわしい仕事ができたとはいいにくいのではないか。

米英戦争では華々しい勝利こそ収めていないが、この戦争を通じてアメリカ合衆国は国家として確立した。だが経済政策の混迷もあり、マディソンはCランクにした。

モンロー主義については、少なくとも彼の時代にあっては妥当な政策であり、その後、

1世紀にわたるアメリカの発展の外交的基礎をつくった。だが、経済政策についてやや疑問があり、Aランクというわけにはいかない。

ジャクソンは大衆的な基盤を持つアメリカ政治の象徴であり、普通選挙を進展させるなどジャクソニアン・デモクラシーの創始者として高い評価が行われることも多い。植民地の紳士でなく、アメリカという風土に根ざした初めての庶民《コモン・マン》出身の大統領でありカリスマ性も高い。だが、インディアンに対してもっとも悪辣《あくらつ》な弾圧をしたこと、行き過ぎた猟官制《スポイルズ・システム》（政治的情実で公職者を任用すること）の採用、経済政策が妥当性を欠いたことなどで私はCランクにした。市民権をインディオに与えた南米などに比べても、アメリカのインディアン抑圧は悪質で非文明的だ。

ジャクソン時代に拡充された公職の政治任命は、官僚制度の硬直性を緩和する程度ならいいが、公職とその仕事の利権化と質の低下をもたらしたアメリカの癌である。バンビューレンはその主たる推進者でありDとした。

タイラーは度重なる法案への拒否権の行使で政治を混乱させたが、副大統領から昇格した大統領が、職務代理でなく後継大統領だという考えは彼が確立したものであるのでCとした。

ポークによって現在のアメリカの領土がほぼ確定されたあと、西部各州の昇格にあたって奴隷制を導入するかどうかが大政治問題となった。西部では奴隷制を必要としていなかったが、これを奴隷制のない自由州にしてしまうと、奴隷州《スレブ・ステイツ》・自由州《フリー・ステイツ》同数の原則が崩れるジレンマがあったのである。だが、結局は自由州の数が多くなり、南部の言い分が連邦運営で通らなくなったのが不満で南部が分離したのが、南北戦争である。

この間のテイラー、フィルモア、ピアースの各大統領はこの問題の解決に十分な手腕を発揮できず、各種の調査でも低い評価となっている。アメリカ政治が手腕のある大統領を選べない機能不全に陥ったのである。私は南部独立時のブキャナンだけEとして、残りの3人はDとしたが、誰にもっとも大きな責任があるかについては、別の意見もあろう。

世界大恐慌の責任は誰にある

リンカーンとセオドア・ルーズベルトまでの中間に位置する期間の大統領についても、厳しい評価がされることが多い。だが、若干の社会的な混乱はあったものの、この時代はアメリカは順調な発展をしており、厳しすぎる。日本でも高度成長期の政治家への一般からの評価が高いわけでないが、冷静に考えれば当時の首相たちはそれなりに高水準の政治を行っていたと評価すべきなのと同じだ。

南北戦争が終わったあと、北部の人々は南部で旧来の支配層を排除しようとしたが、アンドリュー・ジョンソンはそれに抵抗して議会から弾劾を受けそうになった。グラントはこの強硬策を支持したが、大混乱になっただけだった。そして、ヘイズは自らの当選と引き替えに南部における反動的動きを是認した。この結果、南部の黒人差別は1960年代まで残った。

ジョンソンはまったく無力だったが、これは南部出身で副大統領からの昇格だったがゆえのことであって、本人の無能がゆえでもないしアラスカ購入の功績もあるのでDとした。グラントは汚職が蔓延《まんえん》したが経済政策などはかなり立派なもので50ドル札に肖像が使われているのもだてではない。以前はDの評価をしていたがCに格上げしたい。なお、日米関係にも多大な貢献をしたが、これは、主に任期終了後なので考慮していない。ヘイズは南部の問題以外への対応は良好で、兌換《だかん》紙幣の発行や積極的な外交などが評価できるのでCとした。

このころのアーサー、クリーブランド、マッキンリーは一般的な人気はもうひとつだが、アメリカが世界的な大国になっていく時代にあって、その基礎を着実に築くためにそれぞれの役割を果たしたことを評価し、いずれもBランクとした。

アーサーが公務員制度の改革で猟官制度による腐敗を排除するなど公共部門の改善に努力したこと、クリーブランドが金本位制度の導入、マッキンリーが米西戦争の勝利や金本位制度の堅持などを実行したことは、それぞれにこの国の繁栄の基礎となる功績だった。ちなみに、このころ各州が銀貨を鋳造し、それが通貨制度の安定を妨げていたので、金本位制に統一して通貨制度の安定を図ることが非常に大事な宿題だったのである。

ハリソンやタフトは政治力の不足もあって、不手際が目立ったが、方向性がそれほど間違っていたわけでないのでCとした。とくにタフトは、人気はまったくなかったが、仕事はそこそこ仕上げており、Bにしようかとも迷った。

ベルサイユ条約からのちの大統領では、ハーディングは無能と腐敗で最低の評価に誰しも異論がないところだ。クーリッジについては、世界大恐慌の原因が彼の時代にあることは間違いないのだが、後任者のフーバーが適切な政策変更をすれば間に合ったと見るかどうかが判断の分かれ目で、私はどちらの見方も可能だということでCとした。レーガン時代には高く評価されたこともある大統領だ。フーバーは大恐慌が起きたこともさることながら、その後の政策が無策に過ぎた。

トルーマンについては、東西冷戦は避けられたのかどうか、避けられたとすれば、ルーズベルトとどう責任を分担すべきかが問題だ。ヨーロッパにおけるマーシャル計画などは評価できるが、すべてが後手にまわった感がある。さらに、原爆投下について私は許すべきでないと考えるのでDにしたが、残念ながら、アメリカでは肯定論の方がなお主流であり、トルーマンには高い評価が与えられている。

≫戦後の大統領はすべて低レベル

戦後の大統領は、アメリカの凋落《ちょうらく》に対して有効な手を打てなかったことから全般的に低い評価をしているが、クリントンにだけBランクを与えている。ＩＴ化などの流れのなかで、彼の時代においてアメリカ経済は復活し地位を向上させたことを評価したものだ。外交も悪くはないが、本来の興味が内政にあり、迫力を欠いたのでAは与えなかった。

アイゼンハワーは人間的にも見識についても最高レベルであるのは確かなのだが、そのことが業績に反映されたとはいえない。経済的な好調さを将来への投資に結びつけられなかったし、外交では東側諸国に押され気味だった。軍産複合体《ミリタリー・インダストリアル・コンプレックス》への警告も言葉だけで終わったので、アメリカ人の評価は高いが、あえてDとした。

ケネディは世界に通用する言葉で新しい時代の理念を謳い上げたが、実現には至らず暗殺され、公民権法案や社会政策など、ケネディの遺産をよく実現したのはジョンソンであった。だが、ケネディが始め、ジョンソンが泥沼化させたベトナム戦争は、西側の評判を最低の水準に貶《おとし》めた。

この2人の大統領のリベラルな姿勢をどう評価すべきかだが、植民地独立などが進み社会主義陣営が全盛期を謳歌していた時代にあって、もしアメリカが反動的な内政に終始していたら、世界的にも孤立は避けられなかっただろう。彼らでなくともよく似た路線を選択せざるを得なかったと私は思うので、Cランクとしたが、違う評価もあるだろう。

ニクソンは、キッシンジャーを抜擢して東西冷戦を見事にコントロールし、少なくとも西側が冷戦で負けることはないことを確信できるまで持っていった。これは相当に大きな功績である。Bランクとしたいところだが、ウォーターゲート事件でワンランクのダウンとした。アメリカ人の評価はもっと厳しいが、盗聴とその隠蔽工作が、それほどの大犯罪とは、ヨーロッパ人などには理解できないところだろう。むしろ、外国要人の殺害計画などといった他の大統領の行状と比べたときのバランスも納得いかない部分がある。

レーガンは外交についても経済についても、一時的な効果を上げたことは認めるものの、副作用も大きかったと見るべきだろう。ソ連でゴルバチョフのペレストロイカが始まり冷戦が終結に向かったことについて、レーガンの強硬姿勢が功を奏した結果と見るのかどうかで評価が分かれるだろうが、私はむしろソ連側の自滅を重く見る。

社会主義は優先分野への集中的資源投入で成功したが、1960年代には目標が多様化したので、ある程度市場化することが必要となっていた。そこで、フルシチョフや劉少奇が改革に着手したが、守旧派に失脚させられた。その矛盾がこのころ両国で噴き出し、それぞれの形で市場経済の取り入れが進んだと見るべきである。だが、共同執筆者も含めてレーガンを高く評価している人も多い。私はCランクとしたが、今後も評価が分かれ、また、時代によってそれが変化する大統領だろう。

フォード、カーター、ブッシュ（父）については、外交も経済など内政問題も低調で、いずれも再選に失敗しており、Dランクという評価もいたしかたないところだ。

ブッシュ（子）は、外交、内政、経済のどの分野においても評価すべきことが見あたらない。地球環境問題への後ろ向きの姿勢も、人類に対する背信行為といわれても仕方ない。Eランクが妥当だろう。ただし、2008年の金融危機においては、意外に素早い対応を見せたことは認めたい。

本書執筆者と各種調査による8つのランキング比較

代	大統領名	八幡	古家	吉田	河田	①	②	③	④
1	ワシントン	A	A	A	A	A	A	A	A
2	J.アダムズ	C	B	C	B	B	B	B	B
3	ジェファーソン	B	A	A	A	A	A	B	A
4	マディソン	C	C	B	B	C	C	C	B
5	モンロー	B	C	A	B	C	C	B	B
6	J.Q.アダムズ	C	B	C	C	C	D	C	B
7	ジャクソン	C	C	C	B	B	C	B	B
8	バンビューレン	D	C	D	D	C	D	D	D~C
9	W.ハリソン	—	—	—	—	—	—	E	E
10	タイラー	C	D	C	D	D	D	E	D~C
11	ポーク	A	B	B	A	B	B	B	C
12	テイラー	D	E	C	D	D	D	D	D~C
13	フィルモア	D	D	D	E	D	D	D	E
14	ピアース	D	E	E	E	D	E	E	D~C
15	ブキャナン	E	E	D	E	E	E	E	D~C
16	リンカーン	A	A	A	A	A	A	A	A
17	A.ジョンソン	D	D	D	E	D	E	E	D~C
18	グラント	C	C	D	D	E	D	D	D~C
19	ヘイズ	C	C	D	C	C	C	D	D~C
20	ガーフィールド	—	—	—	—	—	—	D	D~C
21	アーサー	B	C	C	C	D	D	D	E
22·24	クリーブランド	B	B	B	B	C	B	C	D~C
23	B.ハリソン	C	D	D	D	C	D	D	E
25	マッキンリー	B	B	B	C	C	C	B	C
26	T.ルーズベルト	A	A	A	A	A	A	A	A
27	タフト	C	C	C	C	C	C	C	D~C
28	ウィルソン	B	B	B	B	B	B	A	D~C
29	ハーディング	E	E	E	E	E	E	E	E
30	クーリッジ	C	C	C	C	D	C	D	D~C
31	フーバー	E	D	D	D	C	D	D	D~C
32	F.ルーズベルト	A	A	A	A	A	A	A	A
33	トルーマン	D	D	E	D	B	B	A	B
34	アイゼンハワー	D	C	B	C	B	B	B	B
35	ケネディ	C	C	C	B	B	C	B	B
36	L.ジョンソン	C	B	D	B	B	C	B	B
37	ニクソン	C	C	C	C	E	D	D	C
38	フォード	D	D	C	C	C	D	C	D~C
39	カーター	D	D	D	D	D	D	C	D~C
40	レーガン	C	B	B	C	—	B	B	D~C
41	ブッシュ(父)	D	D	D	D	—	C	C	D~C
42	クリントン	B	B	B	B	—	C	C	D~C
43	ブッシュ(子)	E	E	E	E	—	C	—	—
44	オバマ	C	C	B	C	—	—	—	—

①マーレイ・ブレッシング調査。進歩派・保守派のバランスに留意した歴史家集団を対象にした。(1992年)
②ウォールストリート・ジャーナルによる調査。「理論的にバランスの取れた」132名の著名な歴史学、法学、政治学の教授が対象。(2005年)
③ケーブルサテライト広報ネットワーク(C-SPAN)による大統領指導力の調査。対象は学術的歴史家。1999年。
④同上で一般視聴者の投票による。
＊上記の調査では順位がついているが、ここでは、本書の評価とほぼ同じ分布の5段階に当てはめた。
＊④は調査方法が上位・下位のみを聞いているので、それ以外のものはD～Cとした。

オバマについては、原稿執筆時点（２０１６年６月現在）で任期が終わっていないので暫定評価にならざるを得ないが、めざすところは正統リベラルで妥当なのだし、アフリカ系で大統領になったということ自体も社会に良い影響を与えたので評価の対象となる。だが、内政・外交いずれにおいても政治力に乏しく、成果が上がっていない。ただし、間違った方針に気づいた場合の修正能力が比較的に高いといったことはある。いずれにしても、後任大統領がまっとうなら、オバマの内政改革は未来への礎《いしずえ》になったということになるだろうし、とんでもないのが次の大統領になったら、オバマのダメさがゆえといわれそうだ。いまのところ、中くらいという評価だ。

コラム①

アメリカ経済史①　建国前から南北戦争まで

イギリスによる北アメリカでの植民地は、1607年に「ロンドン会社」がバージニア州でジェームズタウンの建設に着手したことに始まる。最初は採算に乗るような産物はなかったが、1612年にタバコの栽培に成功してから植民地の建設は軌道に乗った。

「ピルグリム・ファーザーズ」として有名になるイングランドの清教徒のグループは、1620年にメイフラワー号に乗って北アメリカ大陸に渡り、マサチューセッツ州のプリマスに植民地を築き、ワシントンの曾祖父も、イングランドから1656年にやってきて、バージニアで農園を経営して成功した。このようにアメリカにはイギリスから多数の移住者が渡来し、彼らを中心に植民地社会がつくられた。

アメリカは植民地として本国のイギリスに一方的に搾取されていたと理解されることもあるが、実際はイギリス経済の拡張の一環として、その文化的・経済的基盤の上に発展した。18世紀を通じて、平均で年に数千人が北アメリカ植民地に移住し、イギリスの商人はアメリカに投資し、イギリス軍は北アメリカ植民地を防衛するなど、その発展に貢献した。ニューイングランドと呼ばれる北東部では造船業が栄え、メリーランドやバージニア、カロライナなどの農業地帯は、タバコの他に米や藍色染料《インディゴ》などを生産し、その中間地帯のニューヨークやペンシルバニア、ニュージャージー、デラウェアからは穀物や毛皮がイギリスに輸出された。

政治的な理由による決断で１７７６年に独立が宣言されたが、独立後もアメリカはイギリスに経済的に依存しており、イギリスの綿工業の発展に対応して原料の綿花などを輸出し、工業製品をイギリスから輸入するという状態が続いた。熟練労働力なども、イギリスからの移民に大きく依存していた。

綿花の生産では、１７９４年にアメリカ人の発明家イーライ・ホイットニーが「綿繰機《コットン・ジン》」の特許を取り、種子と繊維を分離する作業能力が飛躍的に高まった。綿作は拡大し、南部の綿花の生産量は、90年の３０００ベール（１ベール＝２２６・７５キログラム）強から１８２０年に33万ベール、40年に１３５万ベール、60年には３８

4万ベールへと急増した。南北戦争直前には、綿花はアメリカの全輸出額の半分以上を占め、綿花の輸出の70パーセントはイギリス向けだった。

ただし19世紀が進むにつれ、アメリカ政府は、自国内で工業化を進めてイギリスからの経済的自立をめざす北部と、イギリスの綿工業の原料供給地にとどまることに利益を見いだしていた南部との対立に直面するようになった。この利害の齟齬《そご》が拡大していき、最終的に南北戦争に発展することになる。とはいえ経済政策としては、北部を基盤に保護主義的な動きでイギリスから距離を置くのか、それとも南部を基盤にイギリスの産業革命と歩調を合わせるのか、いずれにしてもイギリスとの通商関係が最大の課題であることに変わりはなかった。

（古家弘幸）

第二章

独立戦争の指導者たち

ワシントンからJ.Q.アダムズ

◆独立戦争と建国の時代

独立以前の主な出来事

バージニア命名(1584) メイフラワー号(1620) 七年戦争(1756~63)
印紙税法(65) ボストン茶会事件(73) 第1回大陸会議(74)

独立からワシントン就任まで

独立宣言(76) 星条旗が国旗に(77) パリ条約(83) 憲法制定(84)

ジョージ・ワシントン(George Washington) 1789/04/30-1797/03/04

首都がフィラデルフィアに(90) 憲法に人権条項(91)

ジョン・アダムズ(John Adams) 1797/03/04-1801/03/04

ワシントンに移転(1800)

トーマス・ジェファーソン(Thomas Jefferson) 1801/03/04-1809/03/04

政府機関ワシントンに(01) 外国との貿易を停止(07)

ジェームズ・マディソン(James Madison) 1809/03/04-1817/03/04

米英戦争(12) ガン条約で米英停戦(15)

ジェームズ・モンロー(James Monroe) 1817/03/04-1825/03/04

フロリダ買収(19) ミズーリ協定(20) モンロー宣言(23)

ジョン・クインシー・アダムズ(John Quincy Adams) 1825/03/04-1829/03/04

エリー運河で五大湖と大西洋が結ばれる(25)

初代

ジョージ・ワシントン（無党派）

George Washington

アメリカ国民統合の「象徴」としてうってつけの大人物

1732年2月22日生〜1799年12月14日没（67歳）。バージニア州出身。近代教育以前。青年期に測量を学ぶ。

在任期間：1789年4月30日（57歳）〜1797年3月4日

どんな人？：13州の連合体に過ぎなかったアメリカが、その絆《きずな》を確固としたものにするために選んだ、王様より王様らしい風格を備えた初代大統領。

評価

A

≫フレンチ・インディアン戦争の英雄

アメリカの大統領というポストは、ワシントンという適任者がいたからつくられたというほどだ。独立宣言をしたといっても、連邦としての基盤は脆弱《ぜいじゃく》だったから、議会を基盤にした政府では、常に解体の危険をはらみそうだった。若いアメリカ合衆国は、イギリスにおける国王に代わるべき存在を必要としていたのである。

その当時、ヨーロッパの多くの国は同君連合《パーソナル・ユニオン》だった。ハプスブルク帝国でもオーストリア大公国、ハンガリー王国、ボヘミア王国などの連合体でしかなかったし、イギリスでも1707年にグレートブリテン王国となるまで、イングランドとスコットランドは別の王冠を同じ王に与えていただけだった。

危うい連帯を維持するには、各州から超然とした王者が不可欠だったのだが、問題はそれにふさわしい人物がいるかだった。だが、ワシントンは188センチの見栄えがする肉体を持ち、物腰もヨーロッパのどんな国王より君主らしかった。もし、ワシントンに立派な男の子がいたら、ワシントン王朝になったかもしれない。

ワシントンの曾祖父はイギリスから1656年にやってきて、バージニアで農園を経営して成功した。ワシントンは、農園を経営し、測量を学んでバージニア西部やオハイオの開拓に取り組んだ。次男だったが、やがて兄が死んでマウント・バーノンの農園と民兵隊長としての地位を継承した。

ワシントンは27歳のときに、マーサ・ダンドリッジ・カスティスという裕福な未亡人と結婚し、そのおかげでバージニア州の有力者となり、植民地議会代議員《ハウス・オブ・バージェシーズ》ともなった。

このころ、カナダを領有していたフランスはオハイオ方面への進出を狙ってインディアンと結び、イギリス及びその植民地と対立していた。その結果として勃発したフレンチ・インディアン戦争（1755〜1763年。欧州に飛び火して七年戦争になる）に民兵の大佐として従軍し名声をあげた。

ところが、勝利のあと、ワシントン自身も含めてバージニアの富豪たちは、アパラチア山脈の西側へ向けて開拓を希望していたが、イギリス本国はこれを嫌った。このことが、彼自身にイギリスへの反感と植民地の自立への希望をめざめさせた。

やがて始まった独立戦争では、自らも参加していた大陸会議《コンチネンタル・コングレス》で総司令官に任命され、独立戦争を勝利に導き、戦後は総司令官を辞任しマウント・バーノンに戻った。

だが、憲法制定会議《フェデラル・コンベンション》（1787年）に出席し、案文の採択とそこで得られた案をバージニア州が承認するための労をとり、存在感を示した。

1789年2月、最初の大統領選挙が行われ、満場一致で選ばれた。この選挙のころは選挙人を選ぶ方法は各州に任された。13州のうち10州で選挙人団《エレクトラル・カレッジ》を投票で決めた。そのうちの5州が一般投票を行っている。

ワシントンは選挙人投票で満票を得て、1789年4月30日、ニューヨーク市のフェデラル・ホールでアメリカ合衆国憲法に基づく就任宣誓式を行い、初代大統領に就任した。副大統領には得票数が2位だったジョン・アダムズが就任した。

ワシントンは、1792年の大統領選挙で全会一致で再選された。副大統領には、前回と同じくジョン・アダムズが選ばれた。この選挙は1回目の選挙の3年後に行われたが、それ以降は西暦年が4の倍数の年、つまりオリンピックの開催年ごとに行われるようになり、その翌年からが任期となった。

※1789年・1792年の大統領選挙はともに対立候補なし

》財務長官ハミルトンを擁護する

ワシントンの政府でもっとも大きな役割を果たしたのは、初代財務長官のアレグザンダー・ハミルトンである。ハミルトンはイギリス流の強い権限を持った中央政府を志向し、政府債務を活用しながら財政的に強い中央政府をつくるという計画を持っていた。この計画に沿ってワシントンは、効果的な徴税制度や第一合衆国銀行を創設した。

ワシントンは経済政策については、国務長官のジェファーソンの反対にもかかわらずハミルトンを支持した。関税の制定や蒸留酒への消費税課税でも、ハミルトンの提案をそのまま実行に移した。建国期にあって、連邦政府の財政基盤を築くうえで必要な路線を的確にとったと評価すべきだ。

なにしろ、独立戦争には勝ったものの、1780年代のアメリカの財政は立て直しが急務で、政府債務は1784年には3900万ドル、ワシントン政権初期の1790年には7900万ドルに増えており、関税収入だけでは利子の支払いさえできないほどであった。そこで、ハミルトンは、やむなく、財源確保のために関税を引き上げ、1793年までには470万ドルの関税収入を確保し、利子支払いだけでなく行政の運営もまかなえるようにしたのである。

しかしイギリスと良好な関係を保ちながら貿易を拡大するというハミルトンの路線は、フランス寄りだったジェファーソンとの亀裂を深めた。これがのちに、アメリカの二大政党制への端緒を開く結果となる。

ナポレオン戦争にあって、ジェファーソンは独立戦争時に支援してくれたフランスとの同盟関係の約束を守るべきだとし、ハミルトンはそれに反対した。ワシントンはジェファーソンの意見の正当性を認めつつも、実際にはサボタージュしてハミルトンの親英路線に与《くみ》した。

ただ、ウィスキー課税に関しては、「ウィスキー反乱」と呼ばれる大規模な混乱を招いた。経済政策の分野での唯一の失点である。

ワシントンは再選に当たっても躊躇《ちゅうちょ》していたが、3度目の出馬は拒否してマウント・バーノンに帰った。

1ドル紙幣と25セント硬貨にはワシントンの肖像が採用されている。

歴代大統領のほとんどが自分より上のクラスの女性を妻としているが、ワシントンの場合も典型的な「逆玉の輿婚《マリッド・アップ》」だった。裕福な未亡人であるマーサ・ダンドリッジ・カスティスとの結婚は財政的利益をもたらしただけでなく、マーサの大農園主として卓抜したマネージメント能力は、広大な農園の管理、独立戦争中の将兵の世話、大統領夫人としての公務など、どのような場面でも役立ち、「建国の母《ファウンディング・マザー》」としていまも国民の尊敬を集めている。

彼女は乗馬の名手で、イギリス軍が自宅近くに迫ってきたときには、見事に馬を駆って避難し、兵士たちを感嘆させた。夫妻に子供はなかったが、マーサの連れ子である2人の子を養子にした。

John Adams

第2代

ジョン・アダムズ（連邦党）

ボストン出身の独立過激派でホワイトハウス最初の住人

1735年10月30日生〜1826年7月4日没（90歳）。マサチューセッツ州出身。ハーバード大学卒業。
在任期間：1797年3月4日（61歳）〜1801年3月4日

どんな人？：ニューイングランド出身でインテリだったアダムズは、イギリスが好きなだけに二級国民扱いされることが我慢できず、かえって対決することになった。

評価

C

≫落選後に任命したマーシャル最高裁長官が最大のヒット

マサチューセッツ州のあたりはニューイングランドと呼ばれるが、その名にふさわしくあまりアメリカらしくない土地である。だが、それだけに英本土から二級国民扱いされることに我慢がならなかったのだろう。

植民地戦争での戦費を捻出するために、イギリス政府は印紙税などさまざまな税金を植民地にかけようとしたがうまくいかず、最後に茶税だけでも確保しようと、オランダからの輸入を禁止して、イギリス東インド会社に販売独占権を与えた。これに抗議するボストン市民たちが、インディアンの扮装をして東インド会社の船を襲撃し、「ボストン港をティー・ポットに」と叫んで342箱の茶箱を海に投げ捨てたのである（1773年）。

これを主導したのは、ジョンの従兄弟《いとこ》のサムエル・アダムズだったが、「そこに漂う茶の葉の代わりに屍が浮いていなかったのが遺憾だ」とあおり立てたのは、弁護士のジョンだった。誇り高く、疑り深く、ひがみっぽいが、知的で堅固な思想を持つジョンは、フィラデルフィアでの大陸会議で独立過激派のリーダーとして議論を引っ張った。

独立後に駐英公使となって大好きなイギリス国民から尊敬されようとしたが、連邦政府の弱体ぶりを「貴方ひとりがアメリカ公使だって？　13人の公使が必要でしょう」と揶揄《やゆ》されて、馬鹿にされたとイギリス嫌いになった。だが、このことが、極端なイギリス贔屓《びいき》のハミルトンとの比較で、彼をアメリカ人にとって「よりましな存在」であらしめた。

実質的には初めての大統領選挙であったから、制度的な不備が深刻だった。選挙人は2票を持っており、1位の票数を獲得した者が大統領、2位の者が副大統領になるという決まりだったので、連邦党《フェデラリスト》はアダムズとピンクニー、民主共和党《デモクラティック・リパブリカン》はジェファーソンとアーロン・バーという2人ずつの大統領候補を出すことになった。

どちらの党も正副大統領の候補に1票ずつ入れれば、2人が同数の票になって、それから調整することになる。だが、アダムズと仲が悪いハミルトンがジェファーソン派の選挙人に、1票をピンクニーにまわすように仕向け、ピンクニーを大統領にしようと画策しているという噂が流れた。それを真に受けたアダムズ派の一部が、ピンクニーに投票しなかったので、アダムズは大統領となったが副大統領にはバーでなくジェファーソンが選ばれてしまったのである。

アダムズは就任早々にフランスとの外交関係と国内での親仏派、親英派の対立に苦慮することになった。初めに任命した駐仏公使であるモンローはフランス議会で革命との連帯を表明して、ハミルトンらに糾弾され召還された。これに気を悪くしたフランス海軍によるアメリカ船拿捕《だほ》事件も起き、1778年の同盟条約は破棄され、戦争の可能性がささやかれた。

アダムズは引退していたワシントンに再出馬を願い司令官としたが、アダムズがハミルトンらと相談せずに、仏外相タレイランと話をつけて通商条約を結んだことで、ますます党内の対立は激しくなった。

経済政策では新税を導入したが、前財務長官のハミルトンから、財政拡大が不十分と批判され、連邦党内の分裂を決定的にした。これが、ジェファーソンの当選を許す最大の要因となり、アダムズとハミルトンは2人とも影響力を失った。

もうひとつの問題は、移民の市民権取得につき、長期間の居住を条件とするなどした「外人法《エイリアン・アクト》」及び言動の自由を制限する「治安法《セディションン・アクト》」で、連邦党への反感を増大させ、アダムズの再選への夢を打ち砕いた。

任期満了の直前にアダムズは大量の公職任命を行った。なかには最終日の人事もあって、深夜の任命《ミッドナイト・アポイントメント》として不評だったが、そのうち、連邦最高裁長官にジョン・マーシャルをあてたことは、アメリカ憲政史上の大ヒットとなった。彼はジャクソン大統領の任期中まで34年間もその職に留まり、違憲立法審査権の確立、財産権の安定など、連邦制とアメリカ経済を支える法的基礎をつくったからである。

賢夫人の誉れ高いアビゲイル・スミス・アダムズはボストン近郊の会衆派《コングリゲーショナル》牧師の娘に生まれた。彼女は、フィラデルフィアで独立宣言起草にあたっていた夫のアダムズに「婦人の権利」について意見を贈り、その先進的な内容はアメリカ女性史でも重要な文書といわれている。

1800年秋に首都がフィラデルフィアからワシントンに移り、アダムズ夫妻はホワイトハウスの最初の住人となった。アビゲイルは長男ジョン・クインシーが第6代大統領に選ばれる7年前に亡くなったが、アダムズは長生きして息子の大統領就任式にも出席できた。90歳と247日というのは、ロナルド・レーガンに抜かれるまでアメリカ歴代大統領のなかで最長寿記録だった。

1796年大統領選挙

大統領	副大統領	党	獲得選挙人数	票数・得票率
ジョン・アダムズ	——	連邦	71人	3万7千票 53.4%
トーマス・ジェファーソン	——	民主共和	68人	3万1千票 46.6%

第3代

トーマス・ジェファーソン

（民主共和党）

アメリカ独立宣言の起草者

1743年4月13日生〜1826年7月4日没（83歳）。バージニア州出身。ウィリアム・アンド・メアリー大学で2年間教育を受ける。

在任期間：1801年3月4日（57歳）〜1809年3月4日

評価

B

どんな人？：農民に基礎を置き州の独立性を尊重するなどアメリカ民主主義の哲学を確立した。ルイジアナをナポレオンから購入したのも功績。

》18世紀の哲学者にして19世紀の政治家

「すべての人は生まれながらにして平等であって、神より侵されざる権利を与えられている。その権利には、生命、自由、そして幸福の追求が含まれている」と高らかに謳い上げたアメリカ独立宣言は、ジェファーソンの起草によるものである。

起草委員会はジェファーソン、アダムズ、ベンジャミン・フランクリン、ロジャー・シャーマン、ロバート・リビングストンによって構成されたが、アダムズが「君は名文家だ。しかも私のように反感を持たれていない」としてジェファーソンにこの大役を譲った。

ジェファーソンがバージニア出身で、マサチューセッツのアダムズより支持をまとめやすかったのも理由だったが、ジェファーソンの仕事の見事さはこの選択の正しさを証明した。とくに、普通なら「財産」とすべきところを「幸福の追求」に置き換えたことで「理想主義の光彩を与え、その訴えを永遠に人間的なものたらしめた」（アンドレ・モロア）のである。

ケネディ大統領が49人のノーベル賞受賞者をホワイトハウスに招待したとき、「皆さんほどの才能と知識がかつてホワイトハウスで一堂に会したことはないでしょう。トーマス・ジェファーソンが1人で食事をしていたときを除いては」と述べたこともよく知られる。

ジェファーソンは農園主の子として生まれたが、その母はバージニア州の名門ランドルフ家の出身である。ジェファーソンは26歳でバージニア植民地議会の議員となった。「バージニア信教自由法」の成立に尽力し、ついで知事となった。

駐仏公使をきっかけに中央政界に進出し、ワシントンの下での国務長官、アダムズの副大統領をつとめた。

アダムズはその任期中にすっかり評判を落としていたので、本人以外は、その再選が難しいことを承知していた。

この選挙ではジェファーソンとアーロン・バーという同じ党の大統領候補者が同数の票を獲得してしまった。大統領の選出は下院に委ねられたが、ここでは連邦党が優勢だった。連邦党議員の一部はジェファーソンの大統領就任を嫌いバーに投票しようとしたが、バーを嫌うハミルトンがジェファーソンのために動き、ジェファーソンが勝利した。こうした混乱に懲りて、1804年にアメリカ合衆国憲法12条が批准《ひじゅん》され、選挙人は大統領と副大統領の候補を区別して投票することとなった。

奴隷の女性と子供をつくる

「大地を耕す者こそ神の選民である」といい、自営農民《インディペンデント・ファーマー》による農業を国家の基礎としようと、西部開拓のために公共事業を起こし、国有地の払い下げを進めた。

1800年大統領選挙

大統領	副大統領	党	獲得選挙人数	票数・得票率
トーマス・ジェファーソン	アーロン・バー	民主共和	73人	4万1千票 61.4%
ジョン・アダムズ	チャールズ・ピンクニー	連邦	65人	2万6千票 38.6%

・党に対する投票がジェファーソンとアダムズに割り当てられた

アレガニー山脈からミシシッピ川までは独立戦争の結果、アメリカ領になっていたが、その開発のためにはミシシッピ川の安全航行が不可欠だった。そこで、ジェファーソンは河口のヌーベル・オルレアン（英語読みでニューオリンズ）を購入しようとパリに代表団を送った。

ミシシッピ川からロッキー山脈まで広がる広い意味でのルイジアナは、フランスからいったんスペインの手に渡ったのち、トスカナと交換でフランス領に戻っていたのだが、ナポレオンは、この地をまもりきることはいずれ不可能になると考え、ニューオリンズだけでなく全域をアメリカに売ってくれた。1500万ドルという安値だった。

このころ、フルトンがハドソン川で蒸気船の定期航路を始めたが、この技術はミシシッピ川で革命的な意味を持った。広大な西部の内陸部での輸送には、19世紀中盤以降に鉄道の時代が来るまでは、ミシシッピ川を遡れる蒸気船が大活躍したからである。

初代財務長官のハミルトンの影響が大きかったワシントンとアダムズの政権とは異なり、ジェファーソンは小さな政府を志向した。財務

1804年大統領選挙

大統領	副大統領	党	獲得選挙人数	票数・得票率
トーマス・ジェファーソン	ジョージ・クリントン	民主共和	162人	10万4千票 72.8%
チャールズ・ピンクニー	ルーファス・キング	連邦	14人	3万9千票 27.2%

・17州のうち一般投票で選挙人を選んだのは10州

長官には、下院でハミルトンの仇敵《きゅうてき》だったスイス移民のアルバート・ギャラティンを任命した。

ジェファーソン政権が1期目から連邦財政の均衡を達成し、ルイジアナの購入を増税せずに実現できたのも、ギャラティンの功績である。ギャラティンはマディソン政権2期目途中まで、その後13年にわたって財務長官をつとめた。これは歴代の財務長官で在職期間の最長記録である。だが、ジェファーソンが成立させた、1807年の英仏戦争中に巻き込まれるのを防ぐための出港禁止法《エンバーゴウ》だけは、アメリカの貿易を停滞させて大失敗だった。

ジェファーソンは、政界引退後にバージニア大学を創立し、また、その建築を設計し、同じく彼自身の手になるモンティセロの邸宅とも世界文化遺産となっている。このこと以外にも博学ぶりは伝説的である。2ドル紙幣と5セント硬貨にその肖像が使われている。

バージニアの名家出身のマーサ・ウェイレズは20歳で未亡人になり、ジェファーソンと再婚したが、ジェファーソンの大統領就任以前に亡くなった。妻の病が重くなってからずっと側《そば》で看病し、最期のときには失神するほど衝撃を受けた。彼は以後、寡夫を通したので長女マーサ（パッチイ）がファーストレディー役をつとめた。一方、ジェファーソンが混血奴隷サリー・ヘミングズとの間に5人の子供をつくったのではないかといわれ、論争は200年も続いたが、DNA鑑定により一部その真実性が立証されている。

第1期目の副大統領だったアーロン・バーはニュージャージー大学（現プリンストン大学）学長の息子として生まれた。弁護士、軍人として上院議員などもつとめた。ニューヨークではハミルトンと激しく対立し、副大統領在任中に決闘し彼を殺害した。

第2期目のジョージ・クリントンは、軍人で初代ニューヨーク州知事だった。ビル・クリントンの継父は彼の兄弟か従兄弟《いとこ》の子孫ともいわれる。

James Madison

第4代

ジェームズ・マディソン（民主共和党）

第二の独立戦争といわれる米英戦争を戦う

1751年3月16日生～1836年6月28日没（85歳）。バージニア州出身。プリンストン大学（当時はニュージャージー大学）4年コースを2年で修了。

在任期間：1809年3月4日（57歳）～1817年3月4日

評価

C

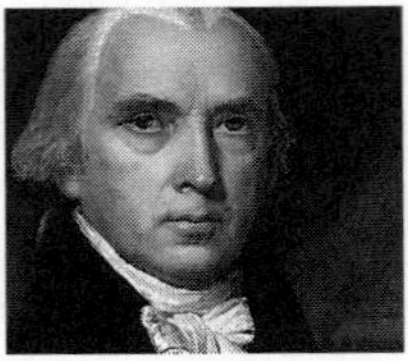

どんな人？：イギリスとインディアンとの連合軍と戦うなかでアメリカ人としての国民意識が確立された。イギリス軍のワシントン占領の焼け跡をペンキで塗ったのでホワイトハウスに。

≫アメリカ憲法制定の最大功労者

アメリカ大統領府が「ホワイトハウス」と呼ばれるのは、1814年の米英戦争でイギリス軍に占領され焼かれたあと、壁を白いペンキで塗って再建された建物の一部に残したからである。

この戦争は、ナポレオン戦争のどさくさに、カナダなどに領土拡張を狙って行われた大義なき戦争だったし、ほとんど得るものがなかったが、イギリスとの経済断交のおかげで北部の産業が勃興し、アメリカ全体がひとつの国であるという国民意識を育てるなど、怪我の功名は大きく、第二の独立戦争といわれる。

とくに激戦だったのが、メリーランド州における「マックヘンリー要塞の戦い」である。海賊行為の根拠地だったボルチモアをイギリス軍は激しい艦砲射撃で攻撃したが、よく持ちこたえた。イギリス軍の捕虜になっていたフランシス・スコット・キーは、停戦後にも砦《とりで》に星条旗がはためいているのを見て、感激のあまり「おお見えるや、夜明けの淡き光を受け、昨日の夕暮がとき我等が歓呼したる太き縞と輝く星（のちに少し改変）」という詩をつくった。これを流行《はや》っていた「天国のアナクレオン」という大酒飲み礼賛の歌のメロディーに乗せて歌ったのが、アメリカ国歌「星条旗《スターズ・アンド・ストライプス》」である。

マディソンはバージニア州北部で生まれた。父は大佐でタバコ農園主だった。寄宿学校で質のよい教育を受けたのちにプリンストン大学（当時はニュージャージー大学）で学び、弁護士となりジェファーソンの協力者となった。

ジェファーソンが駐仏公使として不在だった憲法制定会議では、バージニア州を代表し

1808年大統領選挙

大統領	副大統領	党	獲得選挙人数	票数・得票率
ジェームズ・マディソン	ジョージ・クリントン	民主共和	122人（113人）	12万5千票 64.7%
	ジョン・ラングドン		（9人）	
チャールズ・ピンクニー	ルーファス・キング	連邦	47人	6万2千票 32.4%

・17州のうち一般投票で選挙人を選んだのは10州
・括弧内は民主共和党の各副大統領の獲得人数

て出席し、主導的な役割を果たした。そのために連邦主義者と見られて上院議員選挙に落選したが、下院議員に当選して、権利章典を定めた憲法修正第1~10条の制定に尽力した。ジェファーソンのもとで国務長官となり、ルイジアナ購入を実現した。

ジェファーソン引退を受けた1808年の大統領選挙では、民主共和党の議員たちによって候補とされた。現職の副大統領だったジョージ・クリントンを引き続き副大統領候補に指名し、連邦党のピンクニー将軍に対し、一般選挙で3分の2近い票を確保し圧勝した。

≫「ワシントンの皇太后」と呼ばれた大統領夫人

ナポレオン戦争のころイギリス海軍はアメリカ船を拿捕《だほ》して、その船員を強制徴募した。これに抗議することが戦争の名目だったが、イギリスがインディアンを扇動して西部開拓の邪魔をしているという不満が強かったのが本当の動機である。

1812年大統領選挙

大統領	副大統領	党	獲得選挙人数	票数・得票率
ジェームズ・マディソン	——	民主共和	128人	14万票 50.4%
デウィット・クリントン	——	連邦	89人	13万2千票 47.6%

・副大統領選挙も行っている
・組み合わせ投票もある

とくに1812年は大統領選挙の年であり、西部の支持を受けるためにも戦争は有益だった。副大統領は、党員集会の1カ月前にクリントンが亡くなって空席になっていたので、マサチューセッツ州知事だったエルブリッジ・ゲリーが指名された。恣意《しい》的な選挙区線引きをして「ゲリマンダー」という不名誉な名前の残し方をしている政治家だ。

連邦党は、与党の造反派とともに故副大統領の甥で上院議員でニューヨーク市長であるデビット・クリントンを候補者とし、北東部では反戦を、南部と西部では戦争賛成を訴え接戦にはなったが、選挙人投票では大差で再選された。

戦争はアメリカ優位で始まったが、ナポレオン戦争で反仏側が有利に立つなかでイギリスの反撃となり、1814年にはワシントンが占領された。急襲だったので、大統領一家の食事は温かいまま残されていたという。戦争はベルギーのガンで結ばれた条約で終わったが、どちらも何も得ずに元通りとするという奇妙な条約だった。

かつてハミルトンによる国立銀行の創設に、ジェファーソンとともに反対したマディソンは、国立銀行の免許を更新せず、廃止に追い込んだ。このため、ヨーロッパの株主に巨額の償還金を支払った。

さらにイギリスによる海上封鎖《ブロケード》で関税収入が減ったところへ巨額の軍事費がのしかかってきた。連邦政府は財政赤字に逆戻りし、1813年には3900万ドルの歳出に対して、歳入はわずか1500万ドルだった。

結局、ハミルトンと同じように、塩やウィスキーに再び課税し、土地や奴隷の所有への直接税を導入し、戦時中の国内の製造業を保護するための高関税も認めた。さらには第二国立銀行まで創設するはめになり、国債発行で乗り切るしかなかった。

マディソン夫人のドリーは、マディソンの貧相な外見(「葬式に行く校長先生のよう」と陰口された)をカバーして余りあるほど華やかな女性だった。やもめの第3代ジェファーソンの2期8年と合わせて16年間ホワイトハウスの女主人を務めた。夫の死後も長くワシントン社交界に君臨し、「皇太后《こうたいごう》」と敬愛された。英国軍による焼き討ち寸前のホワイトハウスからワシントンの肖像画を運び出した武勇伝は、アメリカの教科書にも載っている有名なエピソードだ。

人気は今も高く、ヒラリー・クリントンも大好きなファーストレディーとしてドリーの名を挙げ、ホワイトハウスでの自らのバースデイ・パーティーに黒い鬘《かつら》を被《かぶ》ったドリーの扮装で現れた。

第5代

ジェームズ・モンロー

（民主共和党）

モンロー宣言で孤立主義外交を確立

James Monroe

1758年4月28日生～1831年7月4日没（73歳）。バージニア州出身。ウィリアム・アンド・メアリー大学卒業。

在任期間：1817年3月4日（58歳）～1825年3月4日

評価

B

どんな人？：ナポレオン戦争後に中南米への影響力回復を狙ったヨーロッパ諸国に対して、相互不干渉を呼びかけた。リベリア（アフリカ）建国を援助し首都モンロビアに名を残す。

中南米の独立を支持する

歴代大統領のなかで、選挙人投票において満票を獲得したのは、ワシントンだけである。だが、モンローも再選時の1820年には、対抗馬なしであった。選挙人投票ではわずかに1人だけが国務長官ジョン・クインシー・アダムズに投票したが、これは、ワシントンに唯一の満票という栄誉を保たせるための行動だった（ほかに3票の棄権）。

モンローはバージニア州北部のワシントンやマディソンと同じ郡の出身で、父親はイングランド系の農園主兼木工技師だった。独立戦争に正規の兵士として参加した最後の大統領である。ジェファーソン政権下では外交官として駐英公使などを務めた。

マディソン政権下では1811年から国務長官をつとめた。1816年の選挙では、民主共和党は連邦議員による党員集会で、モンローとニューヨーク州知事だったダニエル・トンプキンスを指名した。弱体化していた連邦党は、2度にわたって副大統領候補だったニューヨーク州選出の上院議員ルーファス・キングを立てたが、モンローが圧勝した。

米英戦争の終結から北部では順調に工業が発展し、南部では奴隷を使った綿花栽培が全盛を迎え、西部開拓でもインディアンが脅威でなくなりつつあった。しかも、大国としての自信もついてきた。「好感情の時代《ジ・エラ・オブ・グッド・フィーリング》」を迎え、連邦党が声高に主張しなくとも国家の基盤は揺るぎないものに見えた。

その自信からモンローは、1823年12月2日、議会における教書演説で、アメリカはヨーロッパに干渉せず、南北アメリカは将来、ヨーロッパ諸国に植民地化されず、主権国家としてヨーロッパの干渉があるべからざることを宣言した。いわゆる「モンロー主義《ドクトリン》」

1816年大統領選挙

大 統 領	副大統領	党	獲得選挙人数	票数・得票率
ジェームズ・モンロー	ダニエル・トンプキンス	民主共和	183人	7万7千票 68.2%
ルーファス・キング	ジョン・ハワード ジェームズ・ロス	連 邦	34人	3万5千票 30.9%

である。

ナポレオン戦争の終結を受けて、新しい中南米の秩序が模索されるなかで、ヨーロッパ諸国は独立の阻止に動いたり、市場としての確保のために影響力を回復しようとしていたのに対抗したのである。この宣言は国務長官アダムズの尽力によるところが大きく、イギリスなどとの共同宣言ではなく、一方的な宣言とすることでその普遍的な価値を高めた。

スペイン領フロリダも、解放奴隷やインディアンの逃亡地として南部に脅威となっていたが、スペインに取締りの徹底と売却の二者選択を迫り、購入に成功した。

道路法案の是非に悩んで右往左往

また、アフリカでは解放奴隷にリベリア建国をそそのかし、その首都はモンロビアと名付けられた。解放奴隷の子孫のアメリコ・ライベリアンは、いまもってこの国の支配層として原住民に優越して

1820年大統領選挙

大統領	副大統領	党	獲得選挙人数	票数・得票率
ジェームズ・モンロー	ダニエル・トンプキンス	民主共和	228／231人	8万7千票 80.6%
対立候補なし	——	——	——	——

いる。奴隷制をめぐっては、それを認める州と自由州の均衡が課題だったが、新たに昇格したミズーリ州を奴隷州とし、マサチューセッツ州の飛び地をメイン州とすることで混乱を乗り切った（ミズーリ妥協《コンプロマイズ》）。

経済政策では、対英戦争後の高揚のなか、モンローはややナショナリスティックな国内産業の保護を唱えた。道路や運河建設の必要性は認めていたものの、連邦政府から高額の補助金を支給するカンバーランド道路法案に対しては、連邦と各州の権限についての合憲性への疑問から、議会が通した数々の法案に署名したり拒否権を行使したり、一貫性のない対応を続けて批判された。

1819年の不況では、都市部の大量失業、農地価の下落、戦時中に生まれた新しい業種での企業倒産の増加を招き、歳入が減って財政赤字が拡大した。モンローは不況の原因を、ヨーロッパからの安い製品の流入と、各州の特許で設立された銀行《チャータードバンク》による紙幣の過剰発行や不適切な貸し付けだと考え、短期的な現象と見ていた。しかし、本当は西部での土地投機や綿価格の下落など、さまざまな要因が絡み合ったもっと複雑な事態であった。

モンローは経済における政府の役割に関して自身の考えがはっきりしないまま、繊維産業への関税引き上げなど、中途半端な産業保護政策をとったが、南部選出の議員に反対されて、法案は上院で否決された。モンロー宣言などの業績にもかかわらず、モンローに偉大な大統領としてのイメージが湧かないのは、経済政策についての混乱も理由だ。

モンローが大統領だった1824年に、フランスから賓客がやってきた。オーベルニュ地方出身の貴族で義勇兵として独立戦争に参加したラファイエット侯爵で、各地で熱烈な歓迎を受けた。ラファイエットはフランス革命でも活躍したが、革命派の内部争いで夫人がギロチンに送られる寸前になった。このとき（1795年）、駐仏公使だったモンローのエリザベス夫人は、単身バスティーユ監獄に乗り込み、「アメリカのよき友」を救い出した。

エリザベスはニューヨークの資産家出身であるが、大統領就任時には体調も悪く、格式張っていたのでワシントン社交界では不評で、たびたびレセプションをボイコットされた。前任者の華やかなマディソン夫人と比較されて印象が薄いのが気の毒だった。

John Quincy Adams

第6代

ジョン・クインシー・アダムズ（民主共和党）

第2代大統領の息子で親譲りのインテリ

評価

C

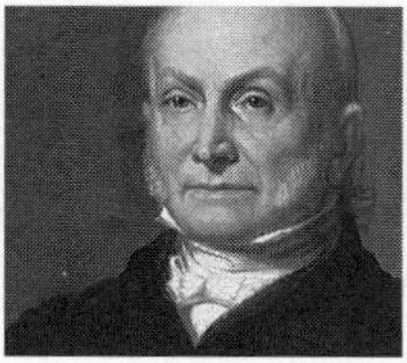

1767年7月11日生〜1848年2月23日没（80歳）。マサチューセッツ州出身。ライデン大学、ハーバード大学卒業。
在任期間：1825年3月4日（57歳）〜1829年3月4日

どんな人？：国家建設のために壮大な計画を持つも政治基盤が弱くて実現せず。落選後に下院議員として活躍し、奴隷制廃止を主張。

≫マサチューセッツの名門

アメリカは先進国としては珍しく、日本ほどでないにせよ二世政治家が多い国である。行政の執行に政治が介入することが規制されているヨーロッパと違ってアメリカや日本では、政治家が利権に接近しやすいからである。

1824年大統領選挙

大統領	副大統領	党	獲得選挙人数	票数・得票率
ジョン・Q・アダムズ	——	民主共和	84人	11万3千票 30.9%
アンドリュー・ジャクソン	——	民主共和	99人	15万1千票 41.3%
ウィリアム・クロウフォード	——	民主共和	41人	4万1千票 11.2%
ヘンリー・クレイ	——	民主共和	37人	4万8千票 13.0%

・大統領選出は下院に委ねられ、下院議長クレイが調整役となりアダムズを支持し、ジャクソンを抜いたアダムズが当選した。副大統領は別の選挙だった。

とはいっても、親子で大統領になったのは、第2代と第6代のアダムズ親子と、最近のブッシュ親子だけである。父のジョン・アダムズはジュニアの当選時にも健在で、大統領就任式にも出席できた。死んだのはジュニア在任中の1826年の独立記念日のことで、奇しくもかつてのライバルだったジェファーソンと同じ日だった。

アダムズ（子）は、オランダのライデン大学やハーバード大学で法律を学び、弁護士ののち、ポルトガル、オランダ、プロシア駐在公使、さらには下院議員や上院議員も務めた。連邦党に属していたが、出港禁止法に賛成して民主共和党に移った。さらに、サンクトペテルブルクとロンドンの公使を経て国務長官となり、モンロー宣言や対スペイン交渉で辣腕《らつわん》をふるった。

1824年の大統領選挙では、「満つれば欠くるは世の習い」の格言の通り、1党独占状態になった民主共和党で派閥争いが激しくなり、アダムズのほか、アンドリュー・ジャクソン将軍（のちに第7代大統領）、ウィリアム・クロウフォード（上院議員・財務長官）、ヘンリー・クレイ（下院議長）と4人の候補が乱立することになった。

選挙人選挙の結果ではジャクソン将軍がトップだったが過半数を獲得できなかったので、大統領選出はクレイが議長である下院に委ねられた。ここでクレイがアダムズ支持に回ったために、逆転でアダムズが勝利した。だが、クレイが国務長官に就任したので裏取引と非難され、そのこともアダムズの支持基盤を弱くした。

副大統領は、アダムズとジャクソン両陣営から支持されたサウスカロライナ州のジョン・カルフーンで、州は連邦の法律の無効を宣言できるとする極端な州権論者だった。

アダムズは高関税で国内開発を図ろうという「アメリカン・システム」の発展をめざし、五大湖をオハイオ川につなげるなど、道路や運河の建設、生産性の高い新事業の支援、国としての通貨制度の確立、そのための第二国立銀行の設立などを実現した。

しかしアダムズの野心的な政策は支持されなかった。保護主義的な関税には、南部出身のカルフーン副大統領も反対に回った。アダムズ自身でさえ、関税政策に関しては、地元の反対勢力に気兼ねして立場をはっきりさせなかった。結局、アダムズは1827年に議会のコントロールを失い、「アメリカン・システム」の推進は停滞した。

もっとも、財源のつもりで1828年に導入した高関税のおかげで、歳入だけは大幅に増やし、政府債務をほとんど完済したうえに、巨額の財政黒字を次期大統領に引き継いだ。怪我の功名である。

アダムズは退任後、下院議員をつとめた唯一の大統領である。奴隷制に反対の立場を先導して死ぬまで17年間、議席を保持した。もし内戦が起きれば大統領は戦時大権を行使して奴隷制を廃止できると論じ、1863年にリンカーンがその通り実行した。著作も多く、見識においては歴代屈指であった。日本でいえば、若槻礼次郎《わかつきれいじろう》といったところか。

駐オランダ公使時代に結婚したルイザ・キャサリンは、ロンドンに生まれ、フランスとイギリスで教育を受けた。父親はメリーランドで成功した実業家だが、ルイザ自身は結婚するまでアメリカ生活の経験がなかった。「帰国子女」として、アダムズの実家のあるボストンや首都ワシントンに終生なじめなかったが、大統領退任後にアダムズが取り組んだ奴隷制廃止運動に自らの役割を見つけ、夫婦で充実した活動をともにできたことは幸いなことだった。

コラム②

アメリカ大統領の原型は欧州の絶対君主

イギリスから独立を勝ち取ったアメリカで、なぜ議院内閣制でなく大統領制が出てきたのだろうという疑問がわく。大統領制は、立法府からはっきりと分離・独立した行政府を持つ制度である。行政府の長が大統領で、議院内閣制のような議会に対する説明責任は負わないが、議会の解散権も持たない。

これは、大統領制の起源が中世後期から近世初期の欧州の絶対君主制であることに由来するものだ。アメリカ独立戦争を支援した革命前のフランスだけでなく、敵対したイギリスでも、君主が握ってきた行政権と、それに対抗した議会の立法権は分離していた。そのコンセプトが、制度としてアメリカ憲法に反影されたのが、大統領制である。合衆国憲法制定会議の立案委員のなかには、のちに大統領になるマディソンのように、行政権と立法権の分離と行政府の安定を強く望む立場から、君主制への愛好を公然と表明する勢力も存在した。そんななかで、新しいアメリカでは、大統領が欧州の国王の伝統的な役割を果たすようになったのである。

　例えばアメリカの大統領制では、議会が可決した法案を大統領が拒否権を行使して無効にできる制度がある。これは、議会が可決した法案は玉璽《ぎょくじ》を得なければ法律にならないというイギリスの制度のコピーだった。また大統領は、選出の時点から任期が確定しており、議員内閣制の政権のように、議会の不信任で退陣させられることがない。これも、血統で王位継承した君主が議会の信任に依存しないのと同様である。大統領も絶対君主も、原則として国家元首の地位と行政の長の地位を兼ねるからである。これに対して、議院内閣制では行政の長の地位が議会の影響下に入るのと引き換えに、国家元首が象徴的な地位に変わっていった。

　大統領職が議会の政党に依存しない制度のため、ジョン・タイラー大統領のような、行政の長にふさわしくない人物が、長くその地位にとどまる場合に対処する術《すべ》がないという問題や、緊急非常時に政治指導者を迅速に交代できない弱点も、絶対君主制と共通している。

　もちろんアメリカの大統領は、血統で王位継承する君主とは異なり、選挙による選出である。しかし、直接選挙ではなく、選挙人団制による準間接選挙制である点で、イギリスの時代錯誤な上院議会に代表されるかつての貴族政治・エリート主義的な感覚をいまだに残している。

大統領制のもとでの行政府にも、かつての欧州の王室行政の名残がある。議院内閣制では、閣僚人事は政権与党内の政争の具と化すことが常であるが、アメリカでは大統領が内閣の人事権を一手に握り、任命された閣僚は、議会の政党とは無関係に、大統領の政策を忠実に遂行することが求められる。かつての欧州の絶対君主制で、内閣が君主個人の秘書団であった性格が、アメリカの大統領制にまだ残っている。大統領制は、下手をすると権威主義的な方向に流れやすいという弱点を、王室行政から引き継いでいる。

皮肉なのは、イギリスでは、ドイツから来たハノーバー家が王位に就いていた18世紀を通じて、英語が十分に分からない国王が内政をイギリス人の政治家任せにしているうちに国王の行政権が縮小し、議院内閣制が姿を現してきたのに対して、アメリカでは建国以来、大統領の行政権が増大していった点であろう。

アメリカの行政府は、建国当初からワシントン政権のころまでは、大統領職の前身である連邦議会議長のように、立法府に依存する副次的な機能が想定されていただけだった。それがジェファーソンの時代になると、ルイジアナ購入などで官僚機構を背景に迅速に意思決定を繰り出すなど、影響力を増す大統領個人に注目が集まるようになり、行政府だけが強大化していった。

各省のトップである閣僚が、政策アドバイザー的な役割を果たして大統領をコントロールすることで、議会への従属を維持できるとの考え方もあったが、閣僚自身が立法者ではなく、大統領が任命する行政官であることから、歯止めにはならなかった。イギリスをはじめとする議院内閣制のもとでの首相職と比べて、かつての欧州の絶対君主並みの権力を大統領が行使するようになったアメリカの制度を危惧する声があがるのも、うなずける。大統領のように国家元首の地位と行政の長の地位を兼ねると、行政に対する批判が、そのまま国家に対する批判にもなってしまうという問題も起きる。それを避けるべきだというのが、戦乱の時代の近世欧州の教訓だったはずなのである。

（古家弘幸）

第三章

ジャクソンからブキャナン

開拓時代の大統領

◆開拓の時代

アンドリュージャクソン(Andrew Jackson)	1829/03/04-1837/03/04

鉄道開通(1830)テキサス独立戦争(35)

マーティン・バンビューレン(Martin VanBuren)	1837/03/04-1841/03/04

初めての経済恐慌(37)

ウィリアム・ハリソン(William Harrison)	1841/03/04-1841/04/04

現職大統領で初めての在任中死亡(41)

ジョン・タイラー(John Tyler)	1841/04/04-1845/03/04

テキサス併合(45)

ジェームズ・ポーク(James Polk)	1845/03/04-1849/03/04

オレゴン併合(46)米墨戦争とカリフォルニア購入(48)

ザカリー・テイラー(Zachary Taylor)	1849/03/04-1850/07/09

カリフォルニアでゴールドラッシュ(49)1850年の妥協(50)

ミラード・フィルモア(Millard Fillmore)	1850/07/09-1853/03/04

カリフォルニア。逃亡奴隷法(50)

フランクリン・ピアース(Franklin Pierce)	1853/03/04-1857/03/04

ペリーが日本に(53)共和党結党(54年)

ジェームズ・ブキャナン(James Buchanan)	1857/03/04-1861/03/04

威臨丸一行米国に(59)南部連合成立(60)

Andrew Jackson

第7代

アンドリュー・ジャクソン（民主党）

西部出身でアメリカ的な政治スタイルを確立する

評価

C

1767年3月15日生～1845年6月8日没（78歳）。サウスカロライナ州出身。大学教育は受けていない。
在任期間：1829年3月4日（61歳）～1837年3月4日

どんな人？：大統領候補を党員集会で選ぶなどアメリカらしい方式が生まれ、「ジャクソニアン・デモクラシーの時代」と呼ばれる。インディアンを過酷に殺戮《さつりく》したのが大汚点。

≫関東軍将校のアメリカ版

テネシー州を地盤とし、庶民《コモン・マン》の出身で、まともな教育を受けていない叩き上げの人《セルフ・メイド・マン》だったジャクソンの登場は、わが国でいえば田中角栄が総理になったのと同じような衝撃を与え、ブームを起こした。

それまでの大統領はバージニア王朝に属する4人と、ボストンの名門アダムズ家の親子だけであり、それぞれにイングランド的なエリートで、階級にふさわしい教育も受けてきた。

ところが、ジャクソンは、スコットランドの守護聖人からとったアンドリュー（ゴルフ場で有名だ）という名が示すように、スコットランド系アイルランド移民の子孫である。サウスカロライナ生まれで、テネシー州に新天地を求め、独学で弁護士になった。

両親は独立戦争の混乱のなかで死んでいたが、親戚から遺産が転がり込み、逆玉婚で金持ちになって土地投機と奴隷制農園の経営で大儲けし、連邦下院議員、上院議員になった。

米英戦争ではクリーク族インディアンを大量殺戮してアラバマ州周辺の土地をインディアンから取り上げた。戦争が終わった連絡が届く前にニューオリンズでイギリス軍を破ったが、これは、この戦争においてアメリカ軍にとって唯一の華々しい勝利だったので英雄になった。

戦後は、スペイン領フロリダで逃亡奴隷を保護していたセミノール族インディアンを殲《せん》滅《めっ》し、政府に無断でスペイン官憲を攻撃した。モンローの政府はこの動きを利用してフロ

1828年大統領選挙

大統領	副大統領	党	獲得選挙人数	票数・得票率
アンドリュー・ジャクソン	ジョン・カルフーン	民主	178人	64万2千票 56.0%
ジョン・アダムズ	リチャード・ラッシュ	国民共和	83人	50万票 43.6%

リダ購入に成功したので、ジャクソンはますます国民的英雄として持てはやされた。

初めての大統領選挙ではアダムズに敗れたが、一般投票でトップの実績をもとに勢力を確保し、民主党《デモクラティック》を形成し、のちにホイッグ党となるアダムズやクレイの国民共和党《ナショナル・リパブリカン》に対抗した。

1828年の大統領選挙では、アダムズは不人気で、ジャクソンが圧勝した。だが、ジャクソンもレイチェル夫人がジャクソンとの結婚のとき、まだ、前夫との離婚が成立していなかったことから、「重婚罪のふしだらな女」とバッシングされ、そのショックで夫人が亡くなるという大きな代償を払った。

ジャクソニアン・デモクラシーといわれるように、彼の時代にはアメリカ政治が大きく変わった。大統領候補も連邦議員総会《コーカス》でなく党員集会《コンベンション》で選ばれるようになった。白人男性に限定されたものであるものの、普通選挙は西部から広まり、だいたいこの時期に一般化した。公職を政治任命する猟官制度《スポイルズ・システム》を広めたのも彼だが、これについ

1832年大統領選挙

大統領	副大統領	党	獲得選挙人数	票数・得票率
アンドリュー・ジャクソン	マーティン・バンビューレン	民主	219人	70万1千票 54.2%
ヘンリー・クレイ	ジョン・サージェント	国民共和	49人	48万4千票 37.4%

ては、次代のバンビューレンの項で解説する。

大衆的カリスマ性が大統領にとって不可欠といわれるようになったのも、彼の出現からのことであって、善し悪しは別にしてアメリカ政治の元祖といえる存在だ。

中央銀行を廃止する

ジャクソンの1期目の副大統領は、アダムズの副大統領でありながら対立していたカルフーンだった。ジャクソンも州権重視論者だったが、さすがに、カルフーンの極論に対しては「我々の連邦は保存されるべきものだ」と、断固とした姿勢をとって国家統一を守った。カルフーンは、「我々の同盟は、もっとも愛しい我々の自由に次ぐ」と反論したが容《い》れられず、任期満了を待たずに辞任して上院議員になったが、この問題は1833年に行われた憲法修正によって連邦法を無効とすることが州に禁じられることで決着した。

再選時には、国務長官マーティン・バンビューレンを副大統領候補とし、国民共和党のクレイを破って楽勝した。

もうひとつの騒動は、マディソン政権が創設した第二国立銀行の憲章を更新せず、廃止に追い込んだことである。第二国立銀行がインフレを抑制したことが、南部や西部の農業州を犠牲にして北部の州の実業界の富裕層を優遇する結果となってきたとジャクソンは考えたのだ。

国立銀行の融資機能は、各地の銀行に引き継がれ、融資が拡大し、土地取引や運河建設、綿生産、製造業などが活況を呈した。しかし紙幣の乱発でバブル経済となり、不良債権が急増した。さらに、連邦政府所有地買収に際しての金銀での支払い義務が、ジャクソン政権によって1836年に導入され、金銀の手持ちのない各地の銀行が倒産した。これが1837年の恐慌につながり、1844年まで続く大不況をもたらした。

アダムズの高関税と財政余剰を受け継いだジャクソンは、任期中の好景気にも助けられて1835年までに政府債務を3億4000万ドル以下にまで減らした。しかし自ら招いた大不況のため、政権交代後わずか1年で政府債務は10倍に増え、ジャクソンの経済政策は失敗だったというほかはない。

ジャクソンは軍人としてだけでなく、大統領としてもインディアンから悲情な収奪をした。インディアン強制移住法《リムーバル・アクト》によって、インディアンはミシシッピ川の西側に追いやられた。たとえば、チェロキー族はジョージアからオクラホマの不毛の地へ「涙の旅路《トレイル・オブ・ティアーズ》」を強いられ、多くが途中で死んだ。連邦最高裁判所長官ジョン・マーシャルはこの法律を違憲としたが、ジャクソンはこれを無視した。

Martin Van Buren

第8代

マーティン・バンビューレン

（民主党）

猟官制（スポイルズ・システム）を完成させる

１７８２年12月5日生～１８６２年7月24日没（79歳）。ニューヨーク州出身。コモンスクールおよびキンダーフック・アカデミーで学ぶ。

在任期間：１８３７年３月４日（54歳）～１８４１年３月４日

どんな人？：オランダ語を母国語とするニューヨーク州の黒幕政治家。大不況のなかで就任し、国債制度などを整備する。

評価

D

≫影の知事・イン・ニューヨーク

バンビューレンはその名が示す通りオランダ系である。ニューヨークはもともとニューアムステルダムと呼ばれたオランダ植民地だった。マンハッタン島をインディアンから買ったのである。

州都オルバニーに近いキンダーフック村に居酒屋の息子として生まれた。一家の言語はオランダ語で、英語を母国語としないただ1人の大統領である。また、独立後に誕生した最初の大統領である。

父の酒場で政治談義に親しみ、弁護士となった。若いときから政治家の応援をして、ニューヨーク州で司法関係の公職を手に入れ、州上院議員となって州政を裏で牛耳り、人事権を事実上、知事から奪った。

しかも、ゴーストライターなどのチームを編成し世論工作《スピン》させる手法も開発した。こうして得た政治力を、ジャクソンに大票田ニューヨークを押さえさせるために発揮した論功行賞で国務長官に抜擢され、ついで副大統領になった。ジャクソンの時代は公職を広く政治利権の対象とするアメリカ独特の猟官制度が完成した時期であったが、それをより徹底したものにしたのがバンビューレンだった。

1836年の選挙では国民共和党は民主党反主流派と組んで、ホイッグ党を結成した。ホイッグ党は候補者を絞らず、4人が出馬した。それぞれの地域で強い候補が選挙人を押さえることによってバンビューレンの過半数獲得を阻止し、下院での評決に持ち込んでホイッグ党の候補者を当選させようという奇策だったが、ジャクソンの後押しを受けたバン

1836年大統領選挙

大統領	副大統領	党	獲得選挙人数	票数・得票率
マーティン・バンビューレン	リチャード・ジョンソン	民主	170人	76万4千票 50.8%
ウィリアム・ハリソン	フランシス・グレンジャー	ホイッグ	73人	55万1千票 36.6%

・副大統領は別に投票をし、ジョンソンは147票
・ホイッグ党からH・ホワイト、D・ウェブスター、W・マンガンが立候補

ビューレンが過半数を得た。

副大統領は大統領とワンセットでなく別に選挙されたが、過半数を得た候補がいなかったので、上院がケンタッキー州選出の上院議員リチャード・ジョンソンを選んだ。次の大統領ハリソンなどとともにインディアンの著名な指導者テクムセを殺した「英雄」だった。

テキサスの併合論争で、北部の反対などを理由に賛成しなかったことや、フロリダにおけるインディアン反乱の鎮圧にも手間取ったことで、人気を落とした。

ジャクソン政権の遺産である大不況への対策だけに任期を費やしたといってよいほどだが、打てる手は限られていた。政府債務調達のための国債制度を整備したが、債務は急増し、インパクトは小さかった。

低関税と自由貿易を推進し、民主党に南部の支持をつなぎ止めたが、財務省に連邦財政のすべてを管轄させる新しい制度の導入

をめぐって党内は割れた。財務省を商業銀行に依存させず、独立した財源を持った組織に改新する計画であった。1840年に法案が議会を通り、翌年にはタイラー新政権下で大きな部分が改変されたものの、連邦財政を独立させるための基盤は築かれ、続くポーク政権下で最終的に実現する道筋をつける結果にはなった。その後、大統領へ復帰する意欲を持ったが実現せず、南北戦争のさなかに死んだ。

妻のハンナは、夫のホワイトハウス入りの18年前に亡くなったが、控え目で親切な女性だった。二人は同じ小学校に通い、結婚後、家庭で使われるのはオランダ語だった。バンビューレンは再婚しなかったので、「ワシントンの皇太后」マディソン未亡人が世話して息子の嫁となったサラ・アンジェリカがファーストレディー役をつとめた。

William Harrison

第9代

ウィリアム・ハリソン

（ホイッグ党）

任期中に死んだ初めての大統領

1773年2月9日生～1841年4月4日没（68歳）。バージニア州出身。ペンシルバニア大学で医学も学ぶ。18歳で軍隊に入隊。

在任期間：1841年3月4日（68歳）～4月4日（在任中に死去）

評価

評価不能

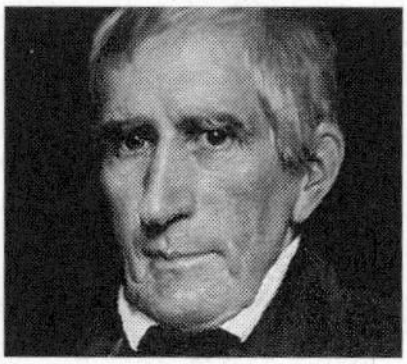

どんな人？：インディアン退治に活躍した軍人。経歴詐称だらけのイメージ選挙で当選し、就任式で熱弁をふるいすぎて風邪をひき、在任1カ月で死亡。

丸太小屋とリンゴ酒

ホイッグ党という名はイギリスのそれからとって、独裁者に抵抗する者であることを表した。ジャクソンとバンビューレンが猟官制度で集票マシーンを築き上げたのを見て、野党の悲哀を味わっていた彼らは、でっち上げのイメージと饗応で選挙を戦うことにした。

1840年大統領選挙

大 統 領	副大統領	党	獲得選挙人数	票数・得票率
ウィリアム・ハリソン	ジョン・タイラー	ホイッグ	234人	127万5千票 52.9%
マーティン・バンビューレン	リチャード・ジョンソン	民 主	60人	112万9千票 46.8%

ハリソンはバージニアの大農園主で、その父はワシントンの友人であり、独立宣言の署名者の1人だった。だが、彼の支持者は丸太小屋で生まれたという伝説をでっち上げ宣伝し、リンゴ酒《サイダー》を振る舞って大衆を動員した。利権派と中身が空っぽのイメージ選挙派の対決という、いまもどこかの国で見られるパターンである。

あっけらかんと展開されたこの作戦は成功し、ハリソンは大統領に当選した。だが、就任式で彼は風邪を引いてしまった。格調高い演説をしたかったハリソンは、帽子もコートもつけずに古代ローマの歴史を延々と語り、その長さは８４４５語、１時間45分もかかった。

それからパレードをし、祝賀会に出席したが、レーガンに抜かれるまで、最年長の大統領当選者だったのに無理をして、当たり前のことながら風邪をひき、それから肺炎を併発し、就任して１カ月で死去した。早稲田大学での首相就任祝賀会で風邪をひいて辞めた石橋湛山《たんざん》総理を思い起こすが、かの短命首相は命だけは無事で幸運だった。

ハリソンは初め医学を学んだが、父の死もあって軍隊に入り、オハイオ州シンシナティに配属されて、インディアンの指導者だったショーニー族のテクムセの「首都」だったティペカヌウを陥落させて英雄視され、インディアナ準州の知事などをつとめた。

インディアンというと西部劇に登場する伝統的な風俗を守っている人たちを想像するが、多くの原住民はかなり西洋化していたのである。オハイオでもテクムセがイギリス軍准将として活躍しデトロイトを落としたりしたが、ハリソンらに敗れて殺された。

戦後は連邦下院議員、上院議員、駐コロンビア公使などをつとめ、1836年の大統領選挙にも立候補したが敗れ、今回は再挑戦だった。ホイッグ党の有力な指名候補者には、ウィンフィールド・スコット将軍とクレイもいたが、3分の2の支持を集める候補がいないまま5回の投票の末にハリソンが指名された。

副大統領候補には州権派を代表してバージニア州の元上院議員ジョン・タイラーが選ばれた。民主党は現職のバンビューレンを再指名したが、経済恐慌のなかで人気が低迷していたのでハリソンが勝利した。

夫人のアンナ・サイムズは、ニュージャージー州の判事の娘で、当時としては最高と評判の女子校で教育を受けた。父親が手に入れた北西部の開拓地に一家で移り住み、まもなくハリソンと出会う。

夫が大統領に当選したとき、病弱な彼女は気候のよくなるまでワシントン行きを待つことにしたが、ハリソンの急死でアンナがホワイトハウスに入ることはついになかった。

John Tyler

第10代

ジョン・タイラー

（ホイッグ党→無所属）

副大統領から昇格したが誰からも尊重されず

1790年3月29日～1862年1月18日没（71歳）。バージニア州出身。ウィリアム・アンド・メアリー大学卒業。

在任期間：1841年4月4日（51歳）～1845年3月4日

どんな人？：大統領が死亡したとき副大統領にいかなる権限が生じるかについて、憲法の規定は明確でなかったが、完全な大統領として振る舞う。テキサスを併合。

評価

C

≫ポルカの好きなヤンキー娘が大統領夫人に

アメリカの大統領選挙にあって副大統領候補は、広範な国民の支持を得るために、大統領と補完関係にあるような人物が選ばれる。それが地域バランスくらいならいいのだが、政見がまったく違う人物が選ばれることが多いから、大統領が死んだりして副大統領が昇格すると、選挙は何だったのだろうかという皮肉なことになってしまう。

先代のハリソンとタイラーは同じバージニア州出身だが、オハイオ方面で活躍していたハリソンは北部代表と見られていた。そこで、バージニア州選出の上院議員で、ジャクソンと対立して民主党を離脱していたタイラーに、南部代表として白羽の矢が立ったのである。

タイラーの父は農園主で知事もつとめたことがある。本人は州都リッチモンドで弁護士をし、若くして州議会議員、連邦下院議員、知事、上院議員と階段を上っていった。ジャクソンとは馬が合わなかったようで、不信任決議を提出し、議員も辞職してしまった。

思いもかけぬ大統領の死の結果、「権力は副大統領に移行する」とのみ曖昧に書かれている連邦憲法の規定に基づきホワイトハウスの主人になったタイラーだが、皮肉屋のジョン・クインシー・アダムズが「タイラーは大統領と自称し、大統領事務取扱副大統領とはいっていないが」といい、クレイが「偶発閣下《ヒズ・アクシデンシー》」とからかったように、彼の権力の正統性はあやふやであった。

だが、タイラーは完全なる大統領であると主張し、それが慣例となった。タイラーはジャクソン政権の遺産である大不況が続くなかで、国立銀行の復活や公共事業の拡充などホイッグ党の望む法案に次々に拒否権を行使したので、閣僚たちは去っていった。国務長官のウェブスターだけは、オレゴンをイギリスと共同統治するウェブスター・アシュバートン条約を締結するために暫時とどまった。

経済政策では、バンビューレン政権下で商業銀行から独立した財源を持てるようになった財務省の新制度を、元に戻した。しかしこの結果、大不況で減った歳入を埋め合わせるために輸入品への関税を引き上げたのに、関税を徴収し、予算として支出する制度的受け皿がなくなってしまい、困難をきたした。結局、財務省に独立した財源を持たせる方向に制度を戻す法案を出すはめになったが、敵に回した議会で承認されることはなかった。

このようにタイラーはホイッグ党からも民主党からも相手にされなかったから、1844年の選挙では蚊帳《かや》の外だったが、最後にテキサス州併合《アネクゼーション》の大仕事をやってのけた。テキサスはメキシコ領だったが、わずか3000人の入植しかなかった。

そこに徐々にアメリカ人たちが入植しはじめ、多数派になり、デイビー・クロケットが奮戦したアラモ砦《とりで》での抵抗などで力をつけた入植者たちは独立を宣言した。ジャクソン大統領の1836年のことである。テキサス人たちはアメリカへの併合を望んだが、ワシントンの政府は慎重だった。戦争の危険もあったし、巨大な奴隷州誕生への北部の反対もあった。だが、国務長官になったカルフーンは併合へ向かって邁進《まいしん》し、1844年の大統領選挙で併合を支持するポークが当選した結果も見てタイラーの任期の最後に併合が実現した（1845年）。

タイラーは、晩年に勃発した南北戦争に際して、南部連合の議員となり、南部のために戦ったが、終戦を待たずに死去した。

タイラーの最初の妻のレティティア・クリスチャンはバージニアの大農園主の娘で、慎み深さを美徳とする南部女性のなかでさえ、特別に控えめな性格だった。タイラーが大統領に昇格する少し前に卒中の発作を起こし、ホワイトハウスで息を引き取った。再婚相手に選ばれた30歳年下のジュリア・タイラーは、ニューヨーク社交界でも「ロングアイランドのローズ」と持てはやされた陽気な美女で、ポルカのリズムに乗って華やかな舞踏会がホワイトハウスで開かれた。

James Polk

第11代

ジェームズ・ポーク（民主党）

地味だが卓越した仕事師で最高の大統領の1人

1795年11月2日生〜1849年6月15日没（53歳）。ノースカロライナ州出身。ノースカロライナ大学卒業。

在任期間：1845年3月4日（49歳）〜1849年3月4日

どんな人？：カリフォルニアなど西部への領土拡大、国家財政の確立、自由貿易の拡大などに成功し、1期だけの任期にかかわらず、やるべきことを確実に処理した。

評価

A

カリフォルニア併合とゴールドラッシュ

カリフォルニアの主要都市には、サンフランシスコとかロスアンジェルスとかスペイン語の名前がつき、スパニッシュ・コロニアル様式などと呼ばれる南国風の瀟洒《しょうしゃ》な建物が並ぶ。ところが、テキサスと比べてもはるかに豊かで過ごしやすそうなこのカリフォルニアにも、メキシコからの移住者は6000人ほどで、何とももったいない使い方をしていたものである。

ポークは、テキサスとの国境線をめぐって緊張を高め、メキシコを軽く挑発して相手の軍事行動を誘い、攻撃を受けて立つ形に巧妙に持っていって米墨戦争を始め、グアダルーペ・イダルゴ条約により、メキシコからカリフォルニアまですべてを安価で「購入」するという形で獲得した。

しかも、併合とほぼ同時の1848年に砂金が発見され、翌年には空前のゴールドラッシュが現出したのである。

ポークが大統領選挙に勝利を収めたのは、先に紹介したテキサス併合を速やかに実現するためであった。民主党の大統領候補としてはバンビューレン元大統領が有力視されていたが、この併合に慎重であることが懸念されて南部の支持を得られず、何度投票しても、3分の2の投票を得られなかった。そこで、8回目の投票になって妥協候補として担がれたのがポークである。

ノースカロライナ州に生まれ、両親とともにテネシー州に移住したポークは、弁護士から州議会議員となって、上院議員だったジャクソンの知己を得た。そして、ジャクソン時

1844年大統領選挙

大統領	副大統領	党	獲得選挙人数	票数・得票率
ジェームズ・ポーク	ジョージ・ダラス	民主	170人	134万票 49.5%
ヘンリー・クレイ	セオドア・フリーリングハイゼン	ホイッグ	105人	130万票 48.1%

代には下院議長として大統領を支え、テネシー州知事に転じていた。気難しく頑固で年寄りっぽかったが、決断力には定評があり、「オールド・ヒッコリー」（堅いクルミ科の木材）と愛称されたジャクソンに対して「ヤング・ヒッコリー」と呼ばれていた。

ホイッグ党はまたクレイを立て、ほとんど無名のポークに比べて有利だと見られたが、反奴隷制を掲げる自由党からはジェームズ・バーニーが出馬して台風の目となり、これがクレイの票を食って、接戦ながらポークがクレイを破って当選した。

アメリカ政治史上、妥協を導くことにかけては奇跡的な名手だったクレイは、こうしてホワイトハウスの主人となる機会を逃した。もし、大統領制でなく、首相制度であったら、このうえもない名宰相だっただろうが、アメリカの政治制度が彼を裏切ったのである。

≫退任後わずか3カ月で過労死

当選したポークは、目標を関税の引き下げ、財政の再建、オレゴン問題の解決、カリフォルニアの獲得に絞り、ほとんど休暇も取らずに働き続け、目標のほとんどを完璧に達成し、疲労困憊《こんぱい》したのか任期が終わって3カ月のうちにナッシュビルの自宅で死んだ。

ポークは関税を引き下げ、貿易をほぼ自由化し、財務省の制度改革にも成功した。価格帯に応じて定額で決められていた関税方式を、税率方式にした。これで関税引き下げが機動的にできるようになった。北部には歓迎されなかったものの、1846年のイギリスの穀物法廃止、自由貿易体制の確立と軌を一にしており、理に適《かな》ったものであった。

財務省の制度改革では、タイラー政権下では、政府の資金を民間金融機関に預託していたが、財務省内に独立した勘定を置く制度を再導入し、FRB（連邦準備銀行）が設立される1913年まで存続した。

米英共同管理になっていた太平洋岸のオレゴンについては、イギリスと長い折衝の結果、北緯49度線が境界と定まった。ポークは「ジョン・ブルとは相手の眼を見据えて交渉しろ」と厳しい交渉をしていたが、メキシコとの戦争を前に常識的なところで妥協した。

このため、シアトルはアメリカ領となる一方、バンクーバーがカナダに与えられ、カナダは太平洋世界の一員となった。ただ、のちにロシアからアラスカを取得したが、これが飛地になってしまった。

副大統領のダラスはテキサス州ダラスにその名を残す。ペンシルバニア州の出身であるが、父はジャマイカ出身で母の出身地フィラデルフィアに移り、マディソン大統領の財務長官だった。ダラスは弁護士、フィラデルフィア市長、上院議員、駐ロシア公使を経て副大統領となった。

サラ夫人は野心家であり、また大変厳格な長老派《プレスビテリアン》教会員であった。「州議会議員に立候補する」という条件をつけて結婚したポークの個人秘書としての役割も果たし、大統領にまで出世させた。

「黒髪のスペイン美人のようだ」と人々を魅了したが、ホワイトハウス内のダンス、カード、アルコール全面禁止にとどまらず、訪問先でも彼女が到着した途端にダンスが中断されるという規律の徹底ぶりは戸惑いも引き起こしたようだ。

時間を無為に過ごすことに罪悪感があったのか夫婦ともに睡眠を削って働き、ポークは退任後3カ月で死亡してしまったが、夫人はその後40年も生き続け、南北戦争時には南北両軍の幹部の訪問を受けて存在感を示している。

Zachary Taylor

第12代

ザカリー・テイラー（ホイッグ党）

選挙に行ったこともない軍人が大統領になったものの

評価

D

1784年11月24日生～1850年7月9日没（65歳）。バージニア州出身。学歴不明。職業軍人。
在任期間：1849年3月4日（64歳）～1850年7月9日（在任中に死去）

どんな人？：インディアン討伐や米墨戦争の英雄だが、政治的にはほとんど無能だった。このころから奴隷制度をめぐる南北の対立が激化する。任期1年で食あたりで死去。

奴隷制をめぐる「1850年の妥協」とは

奴隷制度の正否がこのころからアメリカ政治を二分するような問題になり、ついには南北戦争にまで突入する原因となったことは、不思議といえばその通りなのだ。南部諸州で奴隷制度が存続することは、あのリンカーンすら容認していたのだ。たしかに、綿花栽培に奴隷はあまりにも便利だった。暑い気候での労働に向き、木の背が低い綿畑は彼らの監視が楽だった。

また、奴隷所有者にとって奴隷は貴重な財産であった。とくに、丈夫でよく働く奴隷を動物のように繁殖させ販売することが産業化しており、これを解放するとなれば莫大な補償が必要なことが急速な解放を躊躇《ちゅうちょ》させた。

ところが、問題はこれが連邦の基本構成にかかわる問題でもあったことだ。まず、独立当時に下院の議席配分を決めるとき、奴隷もその5分の3を人口としてカウントすることになってその権利は白人たちによって行使できるようになっていたが、奴隷を解放すれば黒人自身で行使することになって影響が大きい。だが、それ以上に深刻だったのは、上院では州ごとに2議席あてることになっていたので、新しい州が奴隷州であるかどうかが深刻な問題になったのである。

さらに、非奴隷州が逃亡奴隷を助けることや奴隷制反対の言論の自由を認めるかどうかも課題だった。それが許されることが、奴隷の逃亡や反乱を助長したからである。

偉大な業績をあげたポークだったが、彼は1期しかつとめる気がなかったし、疲れてもいた。民主党はミシガン州出身でジャクソンの陸軍長官や、駐仏公使、上院議員をつとめたカスを候補とした。南部の支持は確実だと見て北部の候補を立てたのである。

だが、カス自身はやや奴隷制擁護の側であったので、奴隷制反対のグループは離党して自由土地党《フリー・ソイル》を結成した。その自由土地党からは、バンビューレン元大統領が出馬して、カスの票を奪った。

ホイッグ党のテイラーはイギリス国王エドワード一世やメイフラワー号移民の血を引き、バージニア州出身でマディソン大統領の又従兄弟《またいとこ》だった。父は独立戦争の功績でケンタッキーに土地を得て引っ越した。ただし、大統領選挙のころにはルイジアナを本拠とし、奴隷制の農園を持っていた。早くから軍務につき、セミノール殲滅《せんめつ》で手荒なところを見せた。米墨戦争ではテキサスでの開戦時に名をあげ、名声が高まるのを恐れたポーク大統領から左遷されたが、命令を無視して戦い、勝利を収めて国民的英雄となった。

選挙に行ったこともないという非政治的人物だったが、ハリソン大統領と似たタイプでいかにもホイッグ党好みだったので、党員集会で候補者に指名された。民主党からは野卑で無教養な人物として攻撃されたが、ホイッグ党もカスを収賄などの疑惑のある人物だと攻撃し、個人攻撃が際だった選挙だった。

政権の財務長官メレディスは、自由貿易に反対する立場で、関税を引き下げたポーク政

1848年大統領選挙

大統領	副大統領	党	獲得選挙人数	票数・得票率
ザカリー・テイラー	ミラード・フィルモア	ホイッグ	163人	136万1千票 47.3%
ルイス・カス	ウィリアム・バトラー	民主	127人	122万3千票 42.5%

権からの路線転換を図った。賃金の安いヨーロッパの労働者との競争から、アメリカの労働者を守る必要があると考えていたからである。

そこでメレディスは、保護主義的な輸入関税を主張した。米墨戦争とカリフォルニア州の買収で政府債務が増え、新たな財源が必要だと考えられていた状況も、議論を後押しした。しかし、テイラー大統領は何の行動も起こさなかったため、実現はしなかった。

このころ、金が発見されたカリフォルニア州では、１８４９年だけで人口が６０００人から10万人に増えた。住民たちは自由州とするように主張したが、テイラーは南部諸州は2分割して、カリフォルニア南部では奴隷制を認めることを主張した。

ここで妥協の名手であるクレイは、「１８５０年の妥協」を提案し、カリフォルニアを自由州とする代わりに、「逃亡奴隷取締法《フュギティブ・スレイブ・アクト》」を制定し厳格適用することを提案した。この案にテイラーは気乗りせずに状況は停滞したが、就任翌年の独立記念日に野イチゴとアイスミルクで食あたりを起こして死んでしまった。ともかく、大統領職を名誉職くらいにしか考えず、何もしない大統領だった。

夫の大統領選挙キャンペーン中、マーガレット夫人は政敵に「コーンパイプで煙草を吸う下品な妻」と攻撃されたが、メリーランド州の名家出身で本当は優雅な女性だったという。体調がよくなかったので自室にこもり、末娘に公務をまかせ、肖像画も描かせなかったことも誤解の一因になった。次女のノックスは父親の部下だったジェファーソン・デイビス（のちの南部連合共和国大統領）と駆け落ち結婚したが、その後、わずか3カ月で病死した。

Millard Fillmore

第13代

ミラード・フィルモア

（ホイッグ党）

ペリーに親書を持たせて日本に送った大統領

１８００年1月7日生～１８７４年3月8日没（74歳）。ニューヨーク州出身。正規の学校教育受けず（独学で弁護士）。在任期間：１８５０年7月9日（50歳）～１８５３年3月4日

どんな人？：奴隷制度をめぐる南北間の「１８５０年の妥協」を承認したが問題の解決にはならず、逃亡奴隷の扱いをめぐって紛争も深刻化。

評価

D

≫逃亡奴隷取締法《フュギティブ・スレイブ・アクト》への批判の高まり

ペリーが黒船艦隊に乗って浦賀にやってきたときに携えてきた親書は、このフィルモアのものだった。ただし、出港したのは１８５１年だが、到着したのは2年後で、このころにフィルモアはその任期を終わっていたのである。異国船の来訪は珍しいものでなかった

が、何隻もの艦隊で陸戦部隊まで連れていたこと、それに蒸気船が含まれていたことが、当時の日本人には衝撃的だった。

フィルモアは貧しい農家の出身だった。夫人となるアビゲイル・パワーズはバプティスト派牧師の娘で教師だったが、19歳のときにフィルモアに出会い、正規の教育を受けていない彼に弁護士資格をとるようすすめて、のちに結婚した。

バッファローで弁護士として成功したフィルモアは、州議会議員から連邦下院議員となり、クレイの協力者として頭角を現した。テイラーの副大統領候補には、ボストンの紡績工場主であるローレンスが有力視されたが、綿花を通じて奴隷制度とかかわっていると問題視され、代わりに同じ北部出身のフィルモアが選ばれたのである。気さくで活動的な弁護士で、副大統領時代は憲法の規定で兼任している上院議長として有能さを見せた。

大統領に就任したフィルモアは、民主党優位の議会もあって積極的な政策展開は難しかったが、「1850年の妥協」には同意したので、とりあえずの混乱は収まった。だが、「逃亡奴隷取締法」は、数々の非人道的な事例を生み、次期大統領候補を決めるホイッグ党の党大会では、53回の投票のあげく指名を獲得できず、かつてテイラーのライバルだったスコット将軍が指名された。

前政権の財務長官メレディスと同様、自由貿易に反対で、保護主義的な関税を志向した。関税を引き下げたポーク大統領が１８４６年につくった法律は、輸入原材料への関税の方が、その材料でつくった完成品より高い関税がかけられる事例を生んでいた。フィルモアは、あまりに急激な法改正は好まなかったものの、これを疑問視し、法の本来の意図に反して、アメリカ国内の繊維業者からインセンティブを奪う結果となっていると主張した。しかし民主党が支配する議会で、法案が通る可能性はなかった。

アビゲイル夫人は大変な読書家として知られ、夫に議会で資金を要求させてホワイトハウスに最初の図書室をつくった。雪の降るなかで行われた次期大統領ピアースの就任式に参列して肺炎になり、亡くなった。フィルモアはその5年後に企業家未亡人キャロラインと再婚した。

第14代

フランクリン・ピアース（民主党）

優柔不断で南北間の対立を激化させる

1804年11月23日生～1869年10月8日没（64歳）。ニューハンプシャー州出身。ボードイン大学卒業。
在任期間：1853年3月4日（48歳）～1857年3月4日

どんな人？：容姿がよく、北部出身ながら南部にも理解がありそうと選出されたが、指導力不足で南北の対立は修復不可能に。

評価

D

》「ホワイトハウスの亡霊」と呼ばれた夫人

カンザス州といえば、アメリカでは「田舎」らしい地方というイメージらしい。大平原《グレート・プレーリー》の真ん中で牧畜や小麦、トウモロコシの栽培も盛んで、「アメリカのパン籠《ブレッド・バスケット》」と愛称されるところだ。

ののどかな州が、南北戦争のきっかけといってよいほどの、大騒動の舞台となったのだ。ここにつくられたカンザス準州とその北のネブラスカ準州は、ミズーリ協定によれば北緯36度30分より北にあったから自由州となるはずだった。ところが民主党は、これを住民自治に委ねるという「カンザス・ネブラスカ法」を1854年に通してしまった。

これを見て、南部からも北部からも奴隷制に賛成反対の人たちが流れ込み、多数派を占めるべく大混乱に陥り、ついには、焼き討ちや殺人事件も起きて、南北間の亀裂は決定的なものになった。

このころになると、奴隷制の是非が大統領選挙で最大の関心事になり、ホイッグ党とか民主党という枠組みが無意味なものになっていた。

ホイッグ党の党員指名集会は分裂し、現職のフィルモア大統領の支持者も多かったが、米墨戦争の英雄で北部ホイッグ党に支持されるスコット将軍が指名された。

民主党では49回にも及ぶ投票の結果、ピアースが選ばれた。彼はニューハンプシャー州知事を父とし、弁護士から連邦下院議員、上院議員となった。だが、夫人がワシントンでの生活を嫌ったために議員を辞め、米墨戦争に従軍して戦功をあげた。

1852年の選挙で、ホイッグ党と民主党の綱領は大差のないものだった。ピアース

1852年大統領選挙

大統領	副大統領	党	獲得選挙人数	票数・得票率
フランクリン・ピアース	ウィリアム・キング	民主	254人	160万8千票 50.8%
ウィンフィールド・スコット	ウィリアム・グラハム	ホイッグ	42人	138万7千票 43.9%

は、酒癖が悪く精彩を欠く人物だったが、容姿がよく、北部のニューイングランド出身ながら州権論者として南部からも好感を持たれ、領土拡張主義者だったことから西部の支持も得て、大差で勝利した。ホイッグ党はこの敗北後に分裂し、この選挙がホイッグ党としての最後の大統領選挙となった。

まったく無能で他人に影響されやすく、優柔不断で指導力を発揮できなかったピアースだが、南部における州間《インター・ステイト》鉄道建設を主張していた陸軍長官のジェファーソン・デイビス（のちに南部連合大統領）の説得で、メキシコ政府から、南アリゾナとニューメキシコ州の南部を1000万ドルで買い取ったことが、最大の功績とされている。

副大統領のキングはサウスカロライナ出身で、アリゾナ州に移って上院議員になった。就任時にはハバナで病気療養中で、そこで宣誓式を行ったものの、翌月に死去した。

ピアースが学んだボードイン大学元学長を父に持つジェイン夫人

は、政治家やワシントンを軽蔑していたので、夫の大統領当選の知らせに落胆のあまり気を失った。就任式の2カ月前の家族旅行中に、最愛の息子を脱線事故で亡くすという悲劇があり、彼女は神が大統領の椅子と交換に息子をあの世に召したと受け取った。

もともと病弱だった彼女は、ホワイトハウス2階の私邸部分でひたすら亡き息子を偲《しの》び祈る日々を送り「ホワイトハウスの亡霊」と言われた。夫が退任して5年後に亡くなったジェインの葬儀で遺体と対面したナサニエル・ホーソン（『緋文字』で有名な小説家。ピアースの同級生）は、「この世のものを何も持たなかった女性」と評した。

第15代

ジェームズ・ブキャナン（民主党）

奴隷制度に理解を示しすぎて袋小路に

評価

E

1791年4月23日生～1868年6月1日没（77歳）。ペンシルバニア州出身。ディケンソン大学卒業。
在任期間：1857年3月4日（65歳）～1861年3月4日

どんな人?：有能な外交家だったが奴隷制度で南部の肩を持ちすぎてリンカーンの当選に道を開く。南部の分離には最後まで抵抗。成臨丸使節団を迎え、歓迎する。

≫ただ1人の未婚大統領をめぐる噂

共和党が設立されたのは1854年のことだった。ホイッグ党は中西部のクレイや東部のウェブスターといった指導者を失い、南部と北部の対立も克服できずに分裂状態にあった。こうしたときに、かつてのジェファーソンの党と同じ名前のもとに、奴隷制廃止をスローガンとして設立されたのである。

この党は、カリフォルニア州設立の英雄だったフランス系のフレモントを大統領候補として1856年の大統領選挙を戦ったのだが、ドイツやアイルランドからの移民への反感から結成されたノウ・ナッシング党（秘密結社的で党員は党のことを聞かれると「アイ・ノゥ・ナッシング」としか答えなかったので俗称された）が、フィルモア元大統領を担ぐなど小党が乱立したので、民主党の堅塁を破ることはできなかった。

アメリカへの移民は1840年代に急増した。しかも、英語ができない、あるいはカトリック教徒が多かったので、WASP（ホワイト・アングロサクソン・プロテスタント）たちの反感を買っていた（アイルランド系は都市部に、ドイツ系は中西部に多く定着した）。

民主党では、奴隷制度の是非は州ごとに決めるべきだという公式な立場をとり、現職のピアースに代えてブキャナンを指名した。

ペンシルバニア州出身で、父はアイルランドから移民してきたスコットランド人だった。先祖に、16世紀にボルドー大学でモンテーニュを教えたスコットランド人歴史家で、ラテン語詩人としても名声を得たジョージ・ブキャナンがいるという。

1856年大統領選挙

大統領	副大統領	党	獲得選挙人数	票数・得票率
ジェームズ・ブキャナン	ジョン・ブレッキンリッジ	民主	174人	183万6千票 45.3%
ジョン・フレモント	ウィリアム・デイトン	共和	114人	134万2千票 33.1%
ミラード・フィルモア	アンドリュー・ネルソン	ノウ・ナッシング	8人	87万3千票 21.6%

ブキャナンは弁護士となり、州議会議員を経て連邦下院議員となった。このころは連邦党だったが、ジャクソン大統領の側（民主党）に転向した。駐ロシア公使、上院議員のあとポーク大統領の国務長官として業績をあげた。１８５２年の大統領選挙にも名乗りをあげたが民主党の指名を獲得できず、ピアース大統領によって駐英公使に任命された。

この不在が幸いして、南部と北部の双方から嫌われずに候補に指名され、小党分立に助けられ、得票率では45パーセントに過ぎなかったが、選挙人投票では楽勝した。

ブキャナンは中南米やカリブ海への領土拡張に熱心で、これが南部諸州に支持された。しかし、ポークが獲得した土地が人口が少なく豊かな土地だったのに比べ、ブキャナンは中米やキューバが面倒な問題を抱えていることを十分に区別せず、また、単純な領土欲から、それらの土地を奴隷州として編入することから生じる軋轢《あつれき》も意に介さないようだった。

このブキャナン大統領を窮地に陥れたのが、大統領就任直後に出た連邦最高裁によるドレッド・スコット事件の判決である。黒人がミズーリ協定に基づく自由州での居住経験を根拠に奴隷でないことの確認を求めたのに対し、「黒人は憲法でいう市民でないから訴えを起こせないし、奴隷は財産であるから国内のどの州であろうともそれを否定してはならず、ミズーリ協定に基づく自由州を定めた法律は違憲であり無効だ」という極端なものだった。ブキャナンはこの判決を支持するというまったく誤った政治判断を示したことから、奴隷解放派の信頼を完全に失った。一方、奴隷解放急進派のジョン・ブラウンがバージニアの武器庫を攻撃し、黒人に決起を呼びかけたが、リー将軍に鎮圧され処刑されるという事件も起きた。

この間、アメリカ経済は1857年の恐慌に見舞われ、任期中を通じて対策に苦労した。民主党の関税引き下げ政策で歳入不足に陥ったため、政府債務が増え、財政運営をめぐって共和党に攻撃材料を与える結果となった。

政権末期の1860年には、財務長官に任命されたトーマスが金利支払いのための公債発行に失敗し、わずか1カ月で辞任に追い込まれた。このころには、南部諸州が合衆国から分離独立すると脅し、内戦が不可避の状況で、公債を発行するといっても政府財政そのものへの信頼が完全に失われていた。

もはや、南部も北部も奴隷制をめぐる1国2制度に無理を感じてきた。そして、リンカーンの大統領当選を機に南部諸州は「アメリカ連合《コンフェデレイト・ステイツ・オブ・アメリカ》」を結成し、合衆国から脱退《セセッション》した。人口900万人（3分の1が黒人）を持つ11州がこれに参加したが、北部は23州で人口2200万人だった。ブキャナンは、南部域内にあるサムター要塞からの連邦軍撤退を拒否したところで、リンカーンに国家の運命を預けた。

ブキャナンは、日本においては、咸臨丸などで渡航した幕府の使節団を、ホワイトハウスで盛大にもてなしたことで知られる。南北戦争前における少し明るい話題であった。

ブキャナンは20代で婚約者を失い、以後独身を貫いた。未婚であることは、アメリカではとくに政治家として大きなハンディキャップになることでもあり、大統領としては唯一の例である。婚約者は中傷を真に受けての誤解による自殺と言われているから、よほどの衝撃だったのだろう。姪のハリエット・レインがホワイトハウスに住み込み、ファーストレディー役をつとめた。ただし、前副大統領のキングと同居していた時期があり、ホモセクシャルな関係も噂された。

コラム③

理想のファーストレディーとは――良妻賢母vs.カリスマ

「ファーストレディーは立場であって仕事ではない」とヒラリー・クリントン(42代)は自著で述べている。「その役割は象徴的なものでアメリカ婦人という概念の理想像であり神話的な像を表徴することを期待されてきた」(『リビング・ヒストリー』ヒラリー・ロダム・クリントン自伝より)。それはまた国家に対する無償・無休の奉仕活動のようなものであり、その一挙一動を、ヘアスタイルや子供の学校選びまで、国民に厳しくチェックされる精神的負担の重さから、依存症等に追い込まれた気の毒なケースも稀ではない。このような難しい状況で高い評価を受ける大統領夫人たちには2つのタイプがあるようだ。

まず「建国の母」マーサ・ワシントン(初代)に代表される「良妻賢母」型は夫の活動を全面的に支え、安心できる家庭を築くことでアメリカ主婦の理想として好感を持たれる。クールな「ベストマザー」のエディス・ルーズベルト(26代)、寡黙な夫

「サイレント・カル」を明るく支えたグレイス・クーリッジ（30代）、古きよきアメリカのホームドラマのように陽気なメイミー・アイゼンハワー（34代）、良家の奥様的雰囲気のローラ・ブッシュ（43代）などがこのなかに入るだろう。ローラの姑にあたるバーバラ・ブッシュ（41代）も白髪や顔のしわをあえて隠さず「アメリカのお祖母ちゃん」というキャラクターで人気を得ていた。

ただし、控え目な日本的内助の功とは異なり、積極的に自分や家族のアピールをすることも重要なポイントになる。また、社会的な貢献に結びつく独自のライフワークを持つことが、近年、必要条件になっている。しかし、家庭生活が犠牲になるほどの本格的な活動は逆に非難の対象になってしまうので、ほどほどが大事のようだ。保守層の受けがよいタイプなので共和党の夫人が多い。

一方、リベラル層に評価されるのは自らの魅力や主体的行動で国民を惹きつけ、夫のイメージアップに貢献する「カリスマ」型である。先進的な見識で女性史に名を残したアビゲイル・アダムズ（2代）、優秀な個人秘書として夫の業績に多大な貢献を果たしたサラ・ポーク（11代）、「ニュー・ウーマン」と歓迎されたルーシー・ヘイズ

（19代）、人権運動のエレノア・ルーズベルト（32代）らの名前が挙げられる。もちろんその美貌や貴族的なライフスタイルゆえにジャクリーン・ケネディ（35代）がこのタイプでは他を圧倒している。彼女を超えることはほぼ不可能にさえ思われる。

またドリー・マディソン（4代）は贅沢ではないが着こなしのセンスがすばらしく、晩餐会のメニューにアメリカの郷土料理のレシピを取り入れるなどのアイディアで常に注目を集めた。社交の天才でファッションリーダーでもあった彼女は「カリスマ的内助の功」としてどちらの基準でもトップクラスに評価され、「皇太后」と尊敬されたように、やはり特別な存在である。

ところで冒頭のヒラリー・クリントンを「ファーストレディー」として評価するのは難しい。彼女なりに努力もしていたし（1期目はカリスマ、2期目は内助の功的に）、標準以上の成果もあげていたが、いかにも収まりが悪いので「ファースト・パートナー」「スーパー・スパウズ（配偶者）」などとマスコミも呼び方に苦労したものだった。知事夫人時代には2度も「全米・最も優秀な弁護士100人」に選ばれ、託された州の教育改革を成功に導く活躍ができたが、ホワイトハウスではケネディ大統領が弟のロバートを司法長官に任命した後「縁者採用禁止」が法文化されていたので彼女は正式な役職に就けず、「ワシントンがアーカンソーより保守的だなんて……」ととまどい落ち込むことが多かった。実際、大統領夫人から解放されて自らが上院議員となってからの彼女の方がずっと魅力的だ。２００６年８月の『タイム』誌による世論調査ではヒラリー・クリントン議員の好感度は53パーセントで、民主党有力者のなかではトップの地位を占めている。２００８年の大統領選挙の指名争いには敗れこそしたが、その存在感の大きさを世界中に示し、今後も彼女から目を離すことはできない。

ヒラリーののち、反動からかローラ・ブッシュ、ミシェル・オバマと無難な感じの夫人が続き、時代が逆戻りしたようで残念な気がする。近い将来にホワイトハウスの硬い壁を突き破るほど元気なファーストレディーまたはファーストハズバンド（大統領の夫）が登場することをぜひ期待したい。そのことが、加速度的に複雑化している社会の矛盾や閉塞感に悩む日本の女性たちにとっても一条の希望になり得ると信じるからである。

（河田桂子）

第四章

南北戦争と再建の時代

リンカーンからアーサー

◆南北戦争と再建の時代

エイブラハム・リンカーン（Abraham Lincoln）	1861/03/04-1865/04/15

南北戦争（1860）奴隷解放宣言（63）南北戦争終結（65）

アンドリュー・ジョンソン（Andrew Johnson）	1865/04/15-1869/03/04

奴隷制廃止（65）アラスカ購入（67）黒人に市民権（68）

ユリシーズ・グラント（Ulysses Grant）	1869/03/04-1877/03/04

横断鉄道開通（69）黄金狂時代（73）エジソン電灯発明（76）

ラザフォード・ヘイズ（Rutherford Hayes）	1877/03/04-1881/03/04

鉄道大建設時代（78）

ジェームズ・ガーフィールド（James Garfield）	1881/03/04-1881/09/19

大統領狙撃暗殺事件（81）

チェスター・アーサー（Chester Arthur）	1881/09/19-1885/03/04

スタンダード石油トラスト組織（82）

第16代

エイブラハム・リンカーン

（共和党）

Abraham Lincoln

奴隷解放だけでなくすべてにわたって有能な指導者

1809年2月12日生～1865年4月15日没（56歳）。ケンタッキー州出身。大学教育受けず。

在任期間：1861年3月4日（52歳）～1865年4月15日（在任中に暗殺）

評価

A

どんな人？：南北戦争を勝利に導くために中央集権体制を確立し、あらゆる方面で戦略性の高い政策を実行した。奴隷解放を最初から唱えていたのではなく戦術として宣言した。

≫イリノイ州出身が有利に働く

リンカーンがプロレス選手だったという話がある。もちろん、現在のような形ではなかったが、西部の町の余興としてプロレスのようなものはあって、貧しいリンカーン青年も登場したことがあるらしい。印象的なひげは大統領選挙中に11歳の少女グレース・ベデルに「ひげを生やした方が威厳があってよい」とアドバイスされたことで決めたもので、それ以前は極端に痩せた異様な顔だった。

身長は193センチあって、腕は異常に長く、表情も動作も疲れ果てているように見えたし、洋服も身体に合っておらずみっともなかった。だが、喧嘩は滅法強く、演説を始めればその風貌はカリスマ的魅力に変わった。

バージニア州出身のリンカーン一家は、ケンタッキーに移住し、エイブラハムはそこで生まれた。そののち、インディアナ州を経てイリノイ州に落ち着いた。リンカーンはほとんど教育を受けなかったが、母の死後に父が再婚した継母は『聖書』『イソップ物語』『ロビンソン・クルーソー』『天路歴程』『シンドバッド』の5冊の本を持ってきたので、少年はむさぼるように読んで素晴らしい言葉の力を手に入れた。

軍隊でインディアン相手に戦ったりしたのちに州議会議員、次いで弁護士となり、銀行家の娘と結婚した。連邦下院議員に選ばれたが、ポークの戦争を批判したことは、イリノイの有権者に不評だった。一時期、政界を離れたが、カンザス・ネブラスカ法をめぐる論争を機に演説の名手として注目され、1856年には共和党の副大統領候補を狙ったが実現しなかった。だが、1858年の上院議員選挙で民主党の実力者スティーブン・ダグラ

1860年大統領選挙

大統領	副大統領	党	獲得選挙人数	票数・得票率
エイブラハム・リンカーン	ハンニバル・ハムリン	共和	180人	186万5千票 39.8%
ジョン・ブレッキンリッジ	ジョセフ・レーン	南部民主	72人	84万8千票 18.1%
ジョン・ベル	エドワード・エヴァレット	立憲連合	39人	59万1千票 12.6%
スティーブン・ダグラス	ハーシェル・ジョンソン	北部民主	12人	138万票 29.5%

スと争い、敗れたものの、州内各地で奴隷制度をめぐって開かれた両候補の討論会での素晴らしさは全国的な注目を集めた。

共和党は1860年の大統領選挙では、ニューヨーク州選出上院議員のウィリアム・スワードが有力だったが、急進的すぎるといわれた。また、誰が共和党の候補でも南部での得票は望めないなかで、勝敗の帰趨を決めるといわれた中部出身であることが評価されてリンカーンが候補者となり、綱領には奴隷制をこれ以上、拡張しないことが明記された。

民主党は奴隷制をめぐって党内が対立し、ダグラスを大統領候補としたが、南部諸州は副大統領のブレッキンリッジを担いだので、分裂の間隙を縫ってリンカーンが勝利した。

ブキャナンによって南部にあるサムター要塞の明け渡しは拒否されていたが、リンカーンはこれに補給船を派遣することを決断し、この船が南部連合の攻撃を受けることで南北の戦端が開かれた。戦闘は防衛戦という立場で、しかも、リー将軍など有能な軍人を擁する南軍が善戦したが、やがてグラント将軍のもとで北軍は秩序を取り戻し、優位に立っていった。

≫中央集権に北部は成功、南部は失敗

戦争の帰趨を決めたのは、北部がこれを機会に連邦の強化に成功したのに、南部はもともと州権論者の集まりであることが災いして、統一的な行動をとれなかったことだ。北部では1862年に「自営農地法《ホームステッド・アクト》」をつくり、政府所有地を格安または無料で民間に払い下げて西部開拓を促進した。また、大陸横断鉄道《トランスコンティネンタル・レイルロード》の建設に連邦政府として支援を与え、1869年の完成に大きく歩を進めた。

南北戦争の戦費調達のため、国立銀行制度を再導入し、連邦の財政制度の強化を図った。これは財務長官チェイスの功績であり、公債の発行市場を確保するだけでなく、永続する安定した通貨制度を確立するうえで決定的に重要であった。

この大きな制度改革で、アメリカ史上初めて、連邦政府としての紙幣発行と所得税の課税が可能になった。紙幣発行は、貨幣供給を増加させて戦費調達の便宜を図る色彩が濃か

1864年大統領選

大統領	副大統領	党	獲得選挙人数	票数・得票率
エイブラハム・リンカーン	アンドリュー・ジョンソン	国民統一	212人	221万8千票 55.0%
ジョージ・マクレラン	ジョージ・ベンドルトン	民主	21人	181万3千票 45.0%

・この選挙時のみ、共和党は国民統一党と党名を変えていた

った。関税も引き上げ、南北戦争中には、占領した南部の綿取引を、財務省を通じて事実上支配し、のちのニューディール政策に次ぐほどの政府による経済介入を行った。もともとリンカーンは経済への政府の介入を重視する立場で、まさにその路線が合衆国の将来を救った時期に任期をつとめた巡り合わせが、彼を偉大な大統領にしたといえる。

外交面ではイギリスは伝統的に南部との交易で持ちつ持たれつであり、フランスはメキシコへの勢力浸透をめざしていたことからも、アメリカが強力であることを望まなかった。そこでこの両国は中立を宣言し、事実上、独立を容認する立場を取った。その両国に、南部へそれ以上の支援を行わせない歯止めとして行われたのが「奴隷解放《イマンシペーション》宣言《プロクラメーション》」である。

そもそも、リンカーンは南部における奴隷をすぐに解放しようとは思っていなかったし、黒人と白人が共存するアメリカ合衆国をめざしていたわけではなかった。まずは、既得権としての奴隷制度は認める

が、それを南部に限定することと、いずれは有償で解放し、中南米のどこかにつくった黒人国に移すことを考えていたようだ。

とくに混血を嫌い、奴隷制こそが白人男性と女性奴隷による混血児の誕生を促進していると考えていた。なぜなら、北部の自由州での混血児の誕生は少なかったからである。

また、黒人を北軍の兵士として使うことにも慎重であった。ミズーリやケンタッキーなど、奴隷州でありながら連邦にとどまった境界州《ボーダー・ステイツ》への配慮があったことも言うまでもない。だが、南部が予想外に善戦するなかで黒人の離反を促すとか、北軍の保護下に入ってきた黒人の扱いに困ったという事情も生じた。そこで、ゲティスバーグでの勝利（1863年7月）の機会をとらえて、南部に最後の一撃となるべく断行されたのが「奴隷解放宣言」発布（1863年1月1日）だったといってよいし、それは狙い通りの効果をもたらした。

1864年、リンカーンは再選された。この選挙でリンカーンは民主党のタカ派と組み、共和党は一時的に国民統一党《ナショナル・ユニオン》と名前を変えて選挙に挑んだ。

この選挙は南北戦争中に行われた選挙だった。共和党（この選挙では国民統一党）は、リンカーンを候補者としたのに対し、民主党は、タカ派のジョージ・マクレランを候補とする一方で、綱領は反戦的なものとする中途半端な対応をしたが、勝利の行方は明らかだった。

その年の9月に『風と共に去りぬ』でおなじみのシャーマン将軍によるアトランタ攻略が成功し、1865年4月9日には南軍総司令官ロバート・リーが北軍のユリシーズ・グラントに降伏して戦争は終わった。

戦後の南部の再建《リコンストラクション》については、どこまで旧勢力の復権を認めるか、黒人の地位をどうするかが問題だった。リンカーンは比較的に穏健な措置を考え、黒人の参政権も北軍参加兵士などに限定しようとしていたようだが、銃弾に倒れた。

リンカーンを根っからの人道主義者だとか、理想家肌の政治家と見ることは正しくないだろう。また、彼の政治家としての長所が、演説の名手であることに大きく依存していることも否定できない
ただ、敵やライバルの痛いところを巧妙につき、経済政策や外交なども含めて、アメリカ史上最強の独裁者として、実に目配りの効いた現実的政治家として凄腕《すごうで》を発揮したことについては、驚異的に優れた政治家だったといえ、その点においてこそ、アメリカ史上最高の大統領という評価が一般的であることが不当でないといえよう。

第1期目の副大統領ハンニバル・ハムリンは、メイン州知事、下院議員、上院議員をつとめた。奴隷制度廃止を主張して民主党から共和党に参加した。

妻のメアリーは、リンカーンの周囲にあって、いかにも目障りな存在だった。夫の在職中からバッシングされ、暗殺後には長男によって精神病院へ強制入院させられた。馬車事故による脳損傷の後遺症が指摘されているが、息子にとって母の言動は、父親の名誉のためにも受け入れ難いものだった。

20世紀に入ってからは「当時としては最高の教育を受けた愛情深い妻だった」と同情論が高まっているが、小太りの彼女が全身をごてごて飾り立てた写真を見る限り、「好感度」は低い。ケンタッキー出身の彼女は東部人に馬鹿にされないようニューヨークで大量にドレスなどをショッピングし、手袋だけでも300組もあったという。

Andrew Johnson

第17代

アンドリュー・ジョンソン

（共和党・ただし民主党員）

弾劾裁判にかけられるが逃げ切る

評価

D

１８０８年12月29日生～１８７５年７月31日没（66歳）。ノースカロライナ州出身。学校へ行かず、独学で学ぶ。

在任期間：１８６５年４月15日（56歳）～１８６９年３月４日

どんな人？：南部出身の議員でただ１人連邦に残り副大統領になった。対南部強硬派から正当な理由なく弾劾されるが辛うじて否決。アラスカを購入。

≫戦時発行紙幣の償還問題に悩む

大統領弾劾《イムピーチメント》は、これまで１度も成立したことはないが、訴追を受けたのはクリントンと、このジョンソンの２人である。下院に訴追されたあと、上院に設けられた訴追法廷は賛成35票、反対19票で３分の２に１票足りずに成立に失敗した。

ジョンソンはノースカロライナ州で生まれテネシー州グリーンビルへ移住した本物のプアホワイト出身の大統領である。18歳のときに靴職人の娘で16歳のエリザ・マッキャンドルと結婚し、小さな仕立屋の店と住居を兼ねた2部屋で新婚生活をスタートさせた。エリザは正式な教育を受けていない夫に読み書きと算術を教え、やがて商売も政治活動も順調に成功していった。

グリーンビルの市会議員や市長をつとめたあと、民主党の連邦下院議員、上院議員をつとめていたが、南部独立のときに南部選出の連邦議員としてただ1人連邦を支持し続け、そのためにリンカーン再選時の副大統領候補に抜擢された。

ジョンソンは黒人の公民権を認めた憲法修正第14条に拒否権を行使するなど、急進派主導の南部再建策に抵抗したが、議会は南部を軍政下に置いて黒人に投票権を与える一方、南部連合に協力した者の公民権を取り上げ、北部からやってきた一旗組《カーペットバッガー》や親北部の南部人である「ヤクザども《スキャラワグ》」が共和党政権を樹立した。この時代の南部白人の言い分は、『風と共に去りぬ』を読むとよく分かる。

議会は閣僚などの解任さえも議会の承認を要求する法律をつくり（のちに違憲とされる）、それに反したとして大統領弾劾を提起したのだが、こうした混乱のなかでジョンソンは主導権を取ることができずに任期を終えることになった。

これをもって、ジョンソンを「反動」と見ることもできるが、結局は10年後にはジョンソンが主張した通りになったことも事実で、現実的だっただけともいえる。

外交では「海洋帝国《マリタイン・エンパイア》」をめざすスワード国務長官の手腕のおかげで、アラスカを「スワードの冷蔵庫《アイスボックス》」とか「シロクマの楽園《ポーラー・ベア・ガーデン》」などといわれつつもロシアから買い取り、メキシコにハプスブルク家からマクシミリアン皇帝を送り込んでヨーロッパの影響下に置こうというフランスのナポレオン三世の意図を打ち破るという、相当に大きなヒットを飛ばした。これを国務長官の仕事だから大統領は関係ないといってよいのだろうか。

経済では、リンカーンによる南北戦争中の紙幣発行が原因で起こったインフレへの対応が問題であった。財務長官のマカロックは、紙幣の償還と、金貨による支払いの復活を主張し、1866年に法案が議会を通過した。しかし紙幣の償還で紙幣供給が減って、南部再建と西部開拓に支障が出ると、この法律は強い反対にあった。1868年には法律が撤回され、紙幣の償還はほとんど進まなかった。紙幣発行を合憲とする連邦最高裁の判決も、政権に追い打ちをかけた。結局、インフレ問題だけが残り、紙幣の償還を認める法律を復活させるかどうかで、半世紀にわたって論争が続き、ジョンソンに対する低評価の要因ともなった。

　ジョンソンが大統領に昇格したころにはエリザ夫人は肺結核を患っており、娘のパターソン夫人がファーストレディーの仕事を手際よくつとめた。「テネシーの田舎者ですから期待しないでくださいね」と謙虚なパターソン夫人だったが、「上品なホステス《グレイシャス・ホステス》」とワシントンのうるさ型の評判はよかった。出しゃばりのリンカーン夫人への当てつけもあった。

　大統領を辞めたあとのジョンソンは１８７５年に民主党上院議員として復帰したが、まもなく死去した。

Ulysses Grant

第18代

ユリシーズ・グラント（共和党）

南北戦争の英雄で離任後には日本を訪問し明治天皇と会見

1822年4月27日生～1885年7月23日没（63歳）。オハイオ州出身。ウエストポイント陸軍士官学校卒業。
在任期間：1869年3月4日（46歳）～1877年3月4日

どんな人？：北軍の司令官として勝利をもたらした将軍で、鷹《おう》揚《よう》な善人だが政権は前例のないほどスキャンダルまみれに。日本を訪問し貴重な助言を与えてくれた、日本にとっては恩人。

評価

C

≫ビスマルクと並ぶ日本への貴重な助言者

岩倉使節団など明治維新後に欧米を訪れた政府高官の話は有名だが、日本にやって来た外国人のなかでもとびっきりの大物は、南北戦争の英雄にしてアメリカ合衆国第18代大統領をつとめたグラントであった。

1879年（明治12年）に世界一周旅行の帰路に日本を訪れたグラントは、明治天皇や政府首脳と会談し、まことに友好的にこの若い東洋の島国のためにアドバイスをしてくれた。

「日本は軍事物資、陸軍、海軍ともに清国に勝っている。清国は日本に手も足も出ないだろう」「アメリカが東洋で獲得するものは、我々が受け取ると同様の利益を東洋の人々に保障するものだけに限られるべき」「独立や国の存立に必須であり、いかなる国も手放そうとしない権利というものが中国と日本に認められないというのはあるべきでない」「外国からの借金ほど、国家が避けなければならないことはない」「四国艦隊砲撃事件の賠償は払いすぎだから返還交渉しては？」「国会開設は必要だが急がない方がいい」などと進むべき現実的な道について適切なアドバイスをして、明治天皇も含めて最高指導者層に感銘を与えた。

岩倉使節団訪欧の際にビスマルクから大久保利通《としみち》らに与えられたアドバイスとともに、日本が現在に至るまで感謝しなくてはならない貴重な助言だった。

また、大統領在任中にワシントンで来訪を迎えたこともある岩倉具視《ともみ》の邸宅を訪れ、能興行を観て絶賛し、その保護を奨めてもいる。

1868年大統領選挙

大統領	副大統領	党	獲得選挙人数	票数・得票率
ユリシーズ・グラント	スカイラー・コルファックス	共和	214人	301万4千票 52.7%
ホレイショ・シーモア	フランシス・ブレア	民主	80人	270万9千票 47.3%

このように素晴らしい見識と善意を持った「元大統領」だったのだが、在職中の評判は最低クラスなのが不思議なところだ。問題はその「善意」の行き過ぎにあったのだ。

グラントはオハイオ州で皮革製造業者である父のもとに生まれ、ウエストポイントのアメリカ陸軍士官学校へ入学した。米墨戦争に参加したのち飲酒のトラブルから軍務を離れ、民間人として生活したが成功しなかった。

南北戦争では総力戦をたくみに組織し、南軍を消耗戦に陥れ降伏に追い込み、ワシントン以来2人目の陸軍大将に昇進した。両党から誘いがあったが、共和党員であると宣言し、全会一致で党の候補者に指名された。現職のジョンソンは民主党から指名を受けようとしたが失敗し、民主党はニューヨーク州知事をつとめていたホレイショ・シーモアを指名した。グラントは勝利したが、彼の名声からすれば民主党も善戦したともいえた。共和党の急進主義が北部でも本当には賛同を得ていなかったことの反映である。

≫経済政策ではかなりの好成績

南部再建では、各州の共和党政権が公教育の充実などに功績もあったものの、不良白人や黒人有権者を喜ばせるばらまきを続けた。一方で、白人はKKKが迷信に傾きがちな黒人を脅して共和党への協力をやめさせる動きが盛んになっていった。

経済分野では、財務長官のバウトウェルの先導で、無駄な支出や余剰の財務省職員の削減、通貨偽造阻止のための造幣機構改革、徴税機能の向上など、広範な財務省改革を推進した。その結果、政府財政は黒字になり、財務省に入ってくる余剰の金塊を毎週のオークションで売却して南北戦争中の戦時国債を償還し、任期中に政府債務を4億3500万ドルも返済できた。政府の支払い金利が年間で3000万ドル減ったことから、任期中に合計3億ドルの減税も実現した。政府財政が好転したことで、民間経済にも好影響が及んだ。財務省の金塊売却で金価格が下落し、インフレ率も下落した。その結果、アメリカの貿易収支は1億3000万ドルの赤字から1億2000万ドルの黒字に転換した。

太平洋と大西洋から延びた線がユタ州で結ばれて、大陸横断鉄道が完成した。ベルが電話を発明したのもこの時代だった。

グラントがもっとも非難されているのは、腐敗の蔓延である。彼自身は欲が深いという

1872年大統領選挙

大統領	副大統領	党	獲得選挙人数	票数・得票率
ユリシーズ・グラント	ヘンリー・ウィルソン	共和	286人	359万8千票 55.6%
ホーレス・グリーリー ※1	ベンジャミン・ブラウン	民主・自由民主主義者	47人 ※2	283万5千票 43.8%

※1　ホーレス・グリーリーは死亡によって失格した
※2　47票は副大統領候補ベンジャミン・ブラウンに入った票数

よりは金銭的にルーズであって、先勝将軍としてプレゼントをもらうことにも鷹揚《おうよう》だった。また、人を疑うことをせず、とくに取り巻きに甘かった。ウィスキー汚職事件では個人補佐官バブコックが起訴されたが大統領恩赦で有罪判決を回避したし、クレディ・モビリエという会社を舞台に公金が異常な高配当を生んだ事件では、コルファックス副大統領が関与していることが暴露された。このほか、夫人の弟が絡む事件もあり、あきれ果てた腐敗ぶりだった。

１８７２年の選挙では共和党が分裂し、党を割ったグループは自由共和党《リベラル・リパブリカン》を結成し、『ニューヨーク・トリビューン』の編集者グリーリーを大統領候補とした。民主党もグリーリーを推したがグラントが勝利した。なお、このグリーリーは選挙人投票の前に死去した。この選挙では、ビクトリア・ウッドハルという女性が初の女性候補として大統領選挙に立候補したが、泡沫に終わった。

グラントの政府は１８７３年の通貨危機に有効な手が打てず、選挙で民主党に議会を握られ、政権が行き詰まった。通貨危機は、戦後のバブル景気を警戒した商業銀行が、融資を引き揚げたことで起きた。景気の急激な拡大《ブーム・アンド・》と不況《バスト》というサイクルは、その後30年にわたってアメリカ経済を悩ませ、1913年の中央銀行の創設に至ってようやく収まることとなる。このころアメリカは独立から100年を迎えたが、これを記念してフランス国民から贈られたのがニューヨークにある自由の女神の像《スタチュー・オブ・リバティ》である。なお、グラントは50ドル紙幣に肖像が使用されている。

1期目の副大統領は、インディアナ州選出の下院議長スカイラー・コルファックスである。2期目はマサチューセッツ州選出の上院選出の上院議員ヘンリー・ウィルソンだったが、任期中に連邦議会議事堂で倒れて死去した。

ミズーリ州の農園主の娘であるジュリア・デントは、士官学校を卒業して間もないグラント少尉に将来性を感じ、父親の反対を押し切って結婚した。以来ひたすら夫の栄達を願い、ついにホワイトハウスに到達した彼女は2期8年間、勝利に酔いしれた。さらに3期目も居残る夢を夫の不出馬で断たれ、文字通り涙を流しながら愛する官邸を去ったのだった。タフで理解しやすいキャラクターである。小説家マーク・トウェインに「金ぴか時代《ギルディッド・エイジ》」と呼ばれた戦後復興の成金趣味にぴったりのジュリア夫人だが、リンカーン夫人へのバッシングを間近で学習したのか、批判されそうな失敗は巧みに避けていた。

Rutherford Hayes

第19代

ラザフォード・ヘイズ（共和党）

闇取引ののちに疑惑の投票で選出

1822年10月4日生～1893年1月17日没（70歳）。オハイオ州出身。ケニオン大学卒業。ハーバード大学ロースクール卒業。

在任期間：1877年3月4日（54歳）～1881年3月4日

どんな人？：選挙は接戦だったが、南部占領を終結させることとの取引で選出されたという。ただし、就任後は意外に公正であったが、それゆえに再選されず。

評価

C

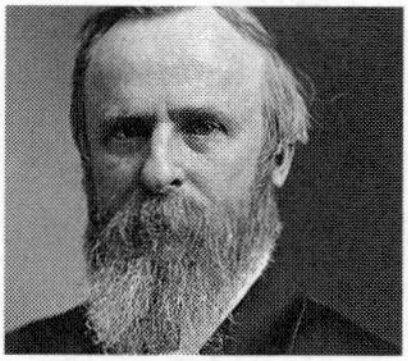

労働者のストに初めて発砲する

２０００年の大統領選挙でフロリダ州の投票をめぐってジョージ・ブッシュの当選の正当性が疑われたとき、歴史に詳しいアメリカ人が思い浮かべたのが、１８７６年にヘイズが当選したときの大統領選挙のことである。

1876年大統領選挙

大統領	副大統領	党	獲得選挙人数	票数・得票率
ラザフォード・ヘイズ	ウィリアム・ウィラー	共和	185人	403万4千票 47.9%
サミュエル・ティルデン	トーマス・ヘンドリックス	民主	184人	428万9千票 51.0%

このときは、おぞましい妥協によってフロリダ、サウスカロライナ、ルイジアナの票がヘイズに与えられて当選が決まったのである。民主党の候補者でニューヨーク州知事をつとめていたティルデンにヘイズは一般投票で敗れ、選挙人投票でもティルデンの184票に対して、ヘイズは、共和党が握る選挙管理委員会がティルデンへの票を不法に破棄したことが疑われた南部3州の20票を別にすると165票だった。

そこで特別の立法が行われ、両院の議員と最高裁の裁判官からなる委員会が設けられた。この委員会は客観性を発揮せず、南部3州の集計が有効と認められ、ヘイズが逃げ切った。この裏には、南部からの連邦軍の撤退を保証する密約があったとされる。ティルデン陣営はこれを不満としたが、抵抗して権力の正統性を傷つけるのは国益に反するという気分があり、断念した。これはブッシュ当選の際にゴアがとことん争わなかった前例となった。

だが、南部からの連邦軍撤退の持つ意味も重大だった。南部では旧支配層が完全に復活した。選挙権は黒人も保持したが、選挙資格を得るには「英語の読み書きが完全にできるか、祖父が選挙権を行使したことがある」などという恣意《しい》的な条件をつけて事実上、黒人の公民権は奪われ、それが回復するには1960年代にキング牧師らによって展開される公民権運動を待たねばならなかった。

北部は人口でなく選挙資格を持っている人数で下院の議席を決めることも考えたが、北部の各州においても選挙権が財産要件などで制限されていることもあって、踏み切れなかった。

ヘイズはオハイオ州の農家に生まれ、有能な弁護士となり、下院議員、オハイオ州知事などをつとめた。共和党の指名は当初、憲法修正第14条の生みの親などとして活躍したジエームズ・ブレイン上院議員が有力であったが、金銭スキャンダルと、党大会を前にして日射病で倒れたことで阻止され、妥協の産物としてヘイズが選ばれた。この選挙では、グリーンバック党、禁酒党《プロヒビション・パーティ》、アメリカ国民党《アメリカン・ナショナル・パーティ》も選挙に参加した。

ヘイズは怪しげな当選経緯にもかかわらず、なかなか公正な政治家だった。猟官制度の弊害が目立っていたときだが、露骨な公務員任命とは距離を置いた。だが、このことは共和党内の不満を嵩《こう》じさせ、再選されない原因のひとつとなった。

1877年の全国的な鉄道ストで、労働争議がいくつかの都市で暴動に発展した際、連邦軍を派遣してアメリカ史上初めて、スト中の労働者に向けて発砲し、70人以上を死亡させたことから、労使双方から批判を浴びたが、それなりに自制した立場を崩さなかった。

経済政策では、財務省に銀を購入させて銀貨を鋳造し流通させることを求めたブランド・アリソン法に拒否権を行使した。しかし、インフレを起こして西部のロッキー山脈州《マウンテン・ステイツ》の銀産業を支援したいと考えていた議会に覆された。対抗処置としてヘイズは、南北戦争以来の問題であったグリーンバックと呼ばれる不兌換《だかん》紙幣の兌換紙幣化に踏み切った。

耕作に向かない西部の連邦所有の山林を、木材の伐採や鉱業採掘をしたい個人向けに、160エーカーあたり400ドルの安値で売り出し、開拓を進めようとしたが、土地投機家の餌食になり、ダミーを通じて2万エーカーもの山林を買いあさった企業も現れた。

外交では中国政府と移民の制限について合意をし、中南米に積極的に関わって帝国主義的政策への道筋をつけていった。

副大統領のウィラーは弁護士で、ニューヨーク選出の下院議員であった。

ヘイズ夫人のルーシー・ウェブは大学卒業の資格を持つ最初のファーストレディーで「新しい女性《ニュー・ウーマン》」のシンボルとして期待する信奉者が多かった。しかし賢明な彼女は大統領夫人という微妙な立場をわきまえていたので、どんな問題にも深く関わらないよう慎重に「爪を隠し」続けた。規律の厳しいメソジスト信者として禁酒運動を熱心に行ったので「レモネード・ルーシー」と呼ばれたりした。ホワイトハウスからアルコールを追放し、聖書朗読や祈りで清らかな場所にしたことを讃える人もいれば嘆く人もいた。大統領としてヘイズの人気は高くないが、ファーストレディー・ランキングでは、ルーシー・ヘイズの名は常に上位に入っている。

第20代

ジェームズ・ガーフィールド（共和党）

ポスト配分の恨みで暗殺された大統領

１８３１年11月19日生～１８８１年9月19日没（49歳）。オハイオ州出身。ウィリアムズ大学卒業。
在任期間：１８８１年3月4日（49歳）～１８８１年9月19日（在任中に暗殺）

どんな人？：就任早々、ポストをめぐって乱発された約束手形が原因で大混乱となり、約束を果たされなかったと主張する犯人に暗殺される。

評価

評価不能

≫運河の船曳きからのし上がった堅物

公職の任命にどこまで政治は介入できるのか、専門的な知識とキャリアをどこまで重視すべきであるかは永遠の議論のたねである。正しい回答は、どちらにもメリットもデメリットもあり、適切かつ適度にミックスされるべきであり、そのためにある程度は客観的なルールも必要だということだ。

有能な官僚を組織的に育てることの重要性を軽視しては国家はうまく機能しないし、かといって、人事に政治的な意思をある程度は反映しないと市民は行政の主人でなくなる。官僚主義の弊害も多いが、専門性の高い官僚の有用性がないはずはないし、政治的な任命においては、能力のない人物が仕事に就いたり、選挙運動の報酬を公務員としての給与で支払ったり、実質的に金で名誉あるポストを買うことが横行する。

アメリカでは、いまでも、大使のポストの多くなどは、重要な献金者が就任し、しかも、社交に要する費用は自前で賄《まかな》ってもらうということが多い。クリントン政権では民主党の大支援者でワシントンの社交界の女王だったハリマン女史が駐仏大使になったし、ケネディの父親が駐英大使だったなどというのも有名なケースである。

だが、現在はまだましな方で、19世紀後半には公職についた者からの献金が政治資金の主たるものだというほど、ひどい状態だったのだ。

オハイオ州で生まれたガーフィールドは早く父親を亡くし、運河で船を曳《ひ》く仕事をしながら苦学し、古典語の教職に就いた。

州上院議員をつとめたあと、南北戦争に従軍して戦功を上げ、少将となった。

1880年大統領選挙

大統領	副大統領	党	獲得選挙人数	票数・得票率
ジェームズ・ガーフィールド	チェスター・アーサー	共和	214人	444万6千票 48.3%
ウィンフィールド・ハンコック	ウィリアム・イングリッシュ	民主	155人	444万4千票 48.3%

戦後には下院議員として活躍したが、グラント大統領時代にはクレディ・モビリエ事件（143ページ参照）への関与がささやかれて危機に陥ったものの、なんとか逃げ切った。

共和党内の指名争いで、現職のヘイズは指名を求めず、元大統領のグラントとジェームズ・ブレインが激しく争った。グラントを推したのは「硬派《タフズ》」と呼ばれ、猟官制、高関税、黒人の投票権などを擁護し、それに拘《こだわ》らないとしたのが「軟派《ソフティーズ》」だった。結局、36回目の投票で軟派に近いガーフィールドと硬派に近いアーサーの組み合わせで話がついた。

民主党は、南北戦争の英雄の1人であるハンコック将軍が候補となった。ガーフィールドは自分が勤勉な叩き上げであることをアピールし、一般投票で辛うじて2000票の差で1位となり、選挙人数でも接戦を制した。

だが、ポスト配分をめぐって壮烈な内輪もめを繰り返すなかで狙撃され、80日の間苦しんだあげく死んだ。パリ総領事に任命される約束だったと主張するギトーという弁護士が、空手形になったとして恨んで凶行に及んだものだ。

この暗殺事件は1883年にペンドルトン公務員改革法《シビル・サービス・リフォーム・アクト》が成立するきっかけとなって、不十分ながらアメリカにプロフェッショナルな官僚集団ができることを促した。

夫人のルクレティア・ルドルフは、ガーフィールドとオハイオ州のディサイプル教会（19世紀アメリカで創始されたプロテスタントの一派。禁酒はもちろん勤勉・修養を最優先とする。坂東玉三郎が卒業した聖学院中学・高校はこの派に属す）の学校で同級生だった。ワシントン社交界の人たちはガーフィールド夫妻に招かれると、「これほどコチコチの人たちには会ったことがない」と驚いたそうだ。

第21代

チェスター・アーサー

（共和党）

Chester Arthur

君子豹変してダーティー・イメージを払拭

１８２９年10月５日生～１８８６年11月18日没（57歳）。バーモント州出身。ユニオン大学卒業。
在任期間：１８８１年９月19日（51歳）～１８８５年３月４日

どんな人？：ニューヨークで利権まみれの政治家だったが、大統領になるやクリーン派に見事な変身を果たす。関税も下げるが、利権期待の勢力の失望を買う。

評価

B

議員歴のない珍しい経歴

リーダーというものが必要としている美徳のひとつが、自分の過去を棚上げして物忘れがよくなることである。プロ野球で名監督といわれる人には超個性派が多い。たとえば川上哲治《てつはる》は他の選手のことなど気にもとめない孤高の求道者だったが、監督になったとたん、石橋をたたいて渡るチーム野球を展開したし、落合博満があんなスモール野球をするとは、現役時代には想像もできなかったが、だからこそ、彼らは成功したのだ。

アーサーのイメージは猟官制度の申し子のようなダーティーな利権政治家だった。ニューヨーク税関長として密輸を助けて利権を生み出し、不用な官職を山ほどつくって、ついにはヘイズ大統領から罷免《ひめん》されたほどだった。ニューヨークのボスといわれたコンクリンの子分で、彼が推したグラントが大統領候補となれなかった代償として副大統領候補になった。

しかも、ガーフィールドを暗殺したギトーが「いまやアーサーが大統領だ！」などと叫んだので、事件への関与を疑われたくらいだった。

だが、アーサーは大統領になると、コンクリンの呪縛から逃れようと大化けしてしまった。1883年には上院議員ペンドルトンによってまとめられた公務員改革法案に拒否権を行使せず、資格任用制《メリット・システム》と政治的中立性を柱とする体制へ踏み出した。大部分の政府のポストの政治任用を廃止し、政治的理由による政府高官の解雇を禁止した。議会では超党派の公共サービス委員会をつくり、大企業がリベートを活用することを禁じ、郵便局の汚職を追及した。このため、アーサーは「公共サービスの父」と呼ばれる。

アーサーは、グラント政権以来の財政黒字が批判を浴び始めたのを受けて、共和党の政策に逆らって関税を引き下げた。超党派的なスタンスで成果をあげた反面、政党や党派を無視したことで、自派の首領クラスからも疎《うと》まれた。

外交では中国人移民排斥法《エクスクルージョン・アクト》を成立させたが、これは鉄道建設のために導入した労働者がその完成で不用になったからであった。アメリカ人は「膨張の宿命《マニフエスト・デスティニー》」という論理で、人口が少なく利用度が低いことを理由にインディアンやメキシコ人から土地を奪った。しかし今度はアジア人が同じ論理のもとで新大陸にやって来たときには、彼らより先住民であることを理由にこれを拒んだ。これが恥知らずでなくてなんであろうか。

ハワイ王国からの真珠湾《パールハーバー》の租借も任期中に行われた。

アーサーは、バーモント州でバプティスト派の牧師を父として生まれた。ニューヨークでリベラルな弁護士として活躍し、黒人の弁護で名声をあげた。議員歴のない経歴で、それが議会との協力がうまくいかない理由のひとつだった。

夫人の、ネル・ハーンドンは南部旧家出身で、父親は有名な海軍軍人だった。ニューヨークでアーサーと知り合い結婚したが、南北戦争中には夫が北軍将校、妻やその一族は南軍を支持していた。戦後は業績のよい弁護士一家として華やかな生活を楽しむことができた。夫婦とも派手好きで、ニューヨーク社交界で贅沢ぶりが評判だった。大統領就任の前年に亡くなった妻の記念に、ホワイトハウスから眺められる教会の壁面にステンドグラスを寄贈した。

アーサー時代のホワイトハウスは美しく修復され、華やかなパーティーがしばしば開かれて、ディナーには久しぶりにワインが登場し人々を喜ばせた。

コラム④

アメリカ経済史② 南北戦争から大恐慌前夜まで

南北戦争当時の北部の工業は、綿工業が主導し、それに毛織物業や機械製造が続いた。南北戦争の帰趨は、北部と南部の工業力の差で決まったが、北部が勝った結果、アメリカはイギリスへの経済的依存から抜け出し、工業化を本格化させて国民経済を形成していくことになる。北部は、南部の綿花地帯と西部の農業地帯を、イギリス企業を退けて国内市場として確保した。

アメリカでは土地が豊富で、労働力が不足していたため、賃金が高く、開拓者精神に富む多くの移民を世界中から引きつけた。1840年代から大恐慌前までに、約3700万人がアメリカに移住した。各国からの移民が、アメリカが新たに獲得した領土の開拓を進め、アメリカ経済をさらに拡大していった。それでも労働力の不足は解消せず、高い賃金に悩まされたため、アメリカでは機械化の進展が労働力不足を補い、工業化に大きな貢献をした。

農業では、蒸気機関や内燃機関を用いた大型農業機械が導入されて効率化が進み、アメリカらしい商業化された大規模農場が登場した。機械工業は、綿工業への機械の提供から発展し始め、アメリカ人の発明家オリバー・エバンズの高圧蒸気機関、サイラス・マコーミックの刈取機、エリアス・ハウのミシンなど、労働節約的な技術を生んだ。

こうしてアメリカ経済は、標準化された部品を使った低コストの均一的生産が得意になり、それがアメリカ経済全体の効率をよくし、生産性を上昇させ、タイプライター、蓄音機、自転車、電話など、多くの商品で大量生産、大量販売、大量消費のパターンを確立していった。第一次世界大戦のころまでには、機械工学者のフレデリック・テイラーが提唱した「科学的経営」に基づく効率的な人事管理や経営組織を生み出し、フォード社などによる大衆向け自動車の生産が盛んとなり、世界に先駆けて消費者資本主義の時代に入っていった。

大恐慌前夜には、資本家や経営者だけでなく、労働者も高賃金と労働時間短縮を勝ち取って経済発展の恩恵を受け、豊かな生活を享受した。自動車のほか、家具、ラジオ、蓄音機、電気洗濯機、電気冷蔵庫、真空掃除機などの家電製品が普及した。今日のアメリカの経済的覇権は、第一次世界大戦後の１９２０年代に、ほぼ確立されたといえる。

南北戦争のリンカーン時代から大恐慌前夜のクーリッジ時代まで、アメリカ政府の経済政策の背景には、北部主導の工業化の進展と国民経済の自立をいかにして後押しすべきかという課題があった。

反トラスト法の制定は国内競争を促進するためだったし、財務省の制度改革は、経済成長で増大する税収を効率よく使うためだった。金本位制の導入は、為替を安定させて貿易を拡大することが目的であり、連邦準備銀行（ＦＲＢ）の設立に至る金融制度の整備は、増大する通貨流通量を効果的に調節することが目的だった。

（古家弘幸）

第五章

帝国主義から第一次世界大戦へ

クリーブランドからウィルソン

◆帝国主義の時代

グロバー・クリーブランド(Grover Cleveland)	1885/03/04-1889/03/04

自由の女神。東欧移民増える(1885)アメリカ労働総同盟(87)

ベンジャミン・ハリソン(Benjamin Harrison)	1889/03/04-1893/03/04

パン・アメリカ会議開催(89)反トラスト法(90)人民党創立(92)

グロバー・クリーブランド(Grover Cleveland)	1893/03/04-1897/03/04

フロンティア消滅(93)日清戦争(94)人種隔離州法合憲(96)

ウィリアム・マッキンリー(William McKinley)	1897/03/04-1901/09/14

ディングレー関税法(97)米西戦争。ハワイ併合(98)

セオドア・ルーズベルト(Theodore Roosevelt)	1901/09/14-1909/03/04

パナマ租借(1903)ポーツマス条約(05)

ウィリアム・タフト(William Taft)	1909/03/04-1913/03/04

自動車大量生産(09)辛亥革命(11)所得税(13)

ウッドロウ・ウィルソン(Woodrow Wilson)	1913/03/04-1921/03/04

排日土地法(13)第一次世界大戦(14～19)ロシア革命(17)

Grover Cleveland

第22代

グロバー・クリーブランド

（民主党）

寡黙で信念に合わないことは断固拒否

評価

B

1837年3月18日生～1908年6月24日没（71歳）。ニュージャージー州出身。法律事務所で学び弁護士に。

在任期間：1885年3月4日（47歳）～1889年3月4日

どんな人？：「公職は大衆からの預かり物だというのは学説でなく直面すべき現実だ」と言い、理想主義的な政治にある程度成功。金本位制導入は不人気だった。

≫自分が後見人だった娘と結婚

オハイオ州にクリーブランドという都市がある。ロックフェラーの本拠地、ロックンロール発祥の地、そしてかつて指揮者ジョージ・セルのもとで世界最高の技術を持つと言われたこともある全米有数のオーケストラがある都市である。

だが、この都市名の由来になったのは18世紀のモーゼス・クリーブランドという将軍であって、大統領だったクリーブランドとはなんの関係もない。その代わり全米各地に同名の中小都市がいくつもあり、そちらの方は元大統領にちなんでいる。

南北戦争ののち共和党の堅塁を崩せなかった民主党だが、１８８４年の選挙では候補者選択の妙によってチャンスをものにした。

共和党では、党派的な利害にあまりにも無頓着だったアーサーは再指名を受けることができず、下院議長や国務長官をつとめたブレインが候補者となった。ブレインは有能な政治家で魅力的な人物だったが、物わかりがよすぎてさまざまな不正行為に関わっていた。親切にも「読了ののち焼却されたし」と手紙の末尾に書いていた。さすがに共和党でも東部のリベラル派からは嫌われ、共和党は分裂した。

そこで、民主党は高潔と評判の人物を立てればチャンスは大きいと見られた。そこにちょうどよい候補がいた。ニューヨーク州で長老派牧師の子として生まれ、バッファローで弁護士をし、市長から知事になっていたクリーブランドであった。

彼は寡黙で、信念に合わないことは拒否した。「政治に権謀術策が必要といわれるが、そういうものに長《た》けている人が、公正な私より優れた成果を上げているのだろうか」と率

1884年大統領選挙

大統領	副大統領	党	獲得選挙人数	票数・得票率
グロバー・クリーブランド	トーマス・ヘンドリックス	民主	219人	487万5千票 48.5%
ジェームズ・ブレイン	ジョン・ローガン	共和	182人	484万9千票 48.2%

直に語り、拒否権を4年で414回も使って平気だった。「公職は大衆からの預かり物だというのは学説でなく直面すべき現実だ」とまことに立派な言葉を吐いた。

彼に非嫡出子がいるといわれたことはちょっとしたマイナスになったが、ニューヨークでブレインを支持する牧師が「民主党はラム酒とカトリックと南部の反乱者の味方だ」と口を滑らしたことで反禁酒法派とカトリック教徒と南部人の決定的な反感を買い、ニューヨーク州をクリーブランドに獲得させた。これが勝利の決め手となった。このほか、女性参政権をめざす平等権《イコール・ライツ》党や禁酒党も選挙に候補者が立候補したが、大勢には関係なかった。

経済政策では北東部が推す金本位制の導入を支持し、銀貨の鋳造に反対したことで、民主党でも南部の農業地域を支持基盤とする勢力から疎《うと》まれた。当時の銀は銀貨の名目以下の価値しかなく、市民が銀で納税した一方、国債への投資家は金での支払いを要求し、政府所有の金の不足を招いた。安価な銀貨の鋳造は、南部だけでなく、共和党の地盤の西部でも、貧困対策として重視されており、彼らを敵に回す結果となった。

19世紀の後半、アメリカ政府はハリマンやスタンフォードなど政商が経営する鉄道会社に広大な土地を払い下げ、鉄道会社は開発のあと高値でこれを売却したのだが、これがまったくの私企業によって担われた点がアメリカならではである。鉄道運賃への不満に対し、州が規制に乗り出したが、州をまたぐ鉄道への規制はできないと連邦最高裁が判断し、1887年に州際通商法《インターステイト・コマース・アクト》が成立してようやく規制が始まった。

関税政策でも、南北戦争時以来の高関税が大幅な財政黒字をもたらしていたので、「関税は歳入確保のためのもので産業を保護するためのものではない」として引き下げを図った。しかし、共和党だけでなく、高関税で利益を受けていた北東部の民主党支持者からも反対にあったため、実現しなかった。

全体的に、産業保護にも社会福祉にも政府が大きな役割を果たすことに否定的という、独特の政治思想の持ち主だった。

副大統領のヘンドリックスはオハイオ州生まれの弁護士で、インディアナ州選出の下院議員、上院議員、知事をつとめ、1876年の大統領選挙ではティルデンの副大統領候補だったが敗北していた。

大統領に選ばれたときにクリーブランドは独身だったので、「結婚問題」は国民の関心事としてパパラッチもどきの取材陣に囲まれることになった。やがて、婚約者はカレッジを卒業したばかりで21歳のフランシス・フォルムスと発表された（ファーストレディー最年少記録は今も破られていない）。クリーブランドは彼女の亡き父親の友人で後見人でもあった。孤児と後見人のロマンスはウェブスターの小説『あしながおじさん』のヒントになったと言われ、「僕は妻が育つのを待っている」という結婚前の彼の言葉は『源氏物語』の「若紫」も連想させる。ポートレートを見る限りでは「美女と野獣」としか言いようはないのだが。

Benjamin Harrison

第23代

ベンジャミン・ハリソン（共和党）

自由放任主義の黄金時代

１８３３年８月20日生～１９０１年３月13日没（67歳）。オハイオ州出身。マイアミ大学卒業。
在任期間：１８８９年３月４日（55歳）～１８９３年３月４日

どんな人？：一般投票では２位だったが選挙人数で上回り、当選。労働争議が頻発し、トラストの弊害に対してシャーマン法が成立した。

評価

C

郵政省を舞台に利権が渦巻く

アメリカ資本主義が発展するにあたり、ヨーロッパでのような国家統制がないだけに、１８７０年代あたりから過当競争を嫌ってカルテルによる価格協定や生産制限が広まった。さらに80年代になるとロックフェラーのスタンダード石油などが猛威をふるい、持株会社による企業集中も進んだ。

これを受けて州レベルで反トラスト法が制定されたが無力だったので、連邦レベルで1890年にシャーマン法が立法された。法律の定義はあいまいで当初は十分に効果を発揮しなかったが、徐々に考え方が整理され、アメリカ資本主義になくてはならないルールになった。

このころ、クリーブランドは独自の信念に基づいた政策を展開したが、誰も十分に満足させることができなかった。

ハリソンはオハイオ州生まれで、祖父は第9代大統領のウィリアム・ハリソン、父は下院議員だった。もとは裁判所の速記掛で長老派教会の幹部だった。南北戦争ではシャーマン将軍のもとで戦功をあげ、インディアナ州の知事選挙には敗れたが連邦上院議員になった。

大統領選挙で共和党の指名を獲得したのは前回候補ブレインの後押しのおかげだった。本人は優秀な弁護士だったものの、背が低く陰鬱で態度も無愛想だったが、インディアン退治の英雄だった祖父を引き合いに出しての「ベンにはお祖父《じい》ちゃんの帽子がよく似合う」という宣伝は、無愛想なクリーブランドを相手にしたときハリソンに親しみを覚えさ

1888年大統領選挙

大統領	副大統領	党	獲得選挙人数	票数・得票率
ベンジャミン・ハリソン	リーバイ・モートン	共和	233人	544万4千票 47.8%
グロバー・クリーブランド	アレン・サーマン	民主	168人	553万4千票 48.6%

せた。得票数はクリーブランドにわずかに及ばなかったが、選挙人投票でハリソンが勝利した。

ハリソンは、南北戦争時以来の高関税がもたらす大幅な財政黒字が批判を浴びるようになっていたにもかかわらず、関税をさらに引き上げた。財政黒字への批判をかわすため、輸入砂糖への関税は撤廃されたが、国内の砂糖製造業者には2パーセントの補助金が支払われるようになった。しかし歳入は伸び、連邦政府の予算は史上初めて、年間10億ドルを超えた。

だが、ハリソンを財政面で支えた企業家ワナメーカーは、郵政長官となって郵便局長の椅子を友人たちにばらまいて顰蹙《ひんしゆく》を買った。カーネギー製鋼ホームステッド工場での労働争議はピンカートン探偵社という私兵を使った企業の介入で流血の惨事となり、社会不安も高まった。

このころのアメリカは、自由放任主義《レッセフェール》の時代で、何もしないことが政策だった。このため、百万長者《ミリオネア》が続出するなど貧富の差が拡大し、ヨーロッパやあるいは日本に比べて社会政策は遅れた。その間隙を縫って政治家が、急激に増えた移民たちなどへの市民権獲得の手続き、職の斡旋をし、病人の世話などをして集団的な投票を得るというマシーン政治の時代であった。

政治家が有権者のために公的機関への口利き、制度利用についての相談、就職、入学、結婚などの「斡旋」をすることについてどう評価するのかは、日本も含めてどこでも頭の痛い問題であるが、アメリカではそれが当然視され、逆に公的サービスの発展が遅れてきた。

西部開拓のフロンティア・ラインがなくなったといわれたのも、この時代である。このころから、東欧や南欧からの移民が、イギリス、ドイツ、アイルランドなどより多くなってきた。ユダヤ人もこのころにポーランドやウクライナ西部など東欧から流れ込んできた人たちが多い。ユダヤ人の歴史について語り出すときりがなくなるが、中世ポーランドのヤゲロー王朝などがユダヤ人を歓迎したので、あちこちからユダヤ人が集まり、世界のユダヤ人のほとんどが、このあたりを故郷にしている。そのことが、ウクライナ問題についてのアメリカなどの強硬姿勢の背景でもある。

副大統領のリーバイ・モートンはバーモント州出身でニューヨークの実業家だった。下院議員ののちガーフィールドのもとで駐仏公使をつとめた。副大統領離任後にはニューヨーク州知事となった。

キャロライン夫人はカレッジでの恩師の娘だった。ファーストレディーになったのは50歳代後半で、人気抜群の若いクリーブランド夫人に比べ、地味な存在だった。蘭栽培の趣味をホワイトハウスの温室で活かし、官邸のなかをジャングルのように膨大な植物で溢れさせたので、4年後に復帰してホワイトハウスに帰ってきたクリーブランド夫妻は非常に驚いたという。クリスマス・ツリーをホワイトハウスに初めて飾ったことで名を残したが、再選キャンペーン中に死去し、彼女の姪のメアリー・ディミックがファーストレディーを代行した。その彼女とホワイトハウスを離れたあと再婚し、娘が生まれた。

Grover Cleveland

第24代

グロバー・クリーブランド

（第22代が再任）

在任期間：1893年3月4日（55歳）～1897年3月4日

評価

B

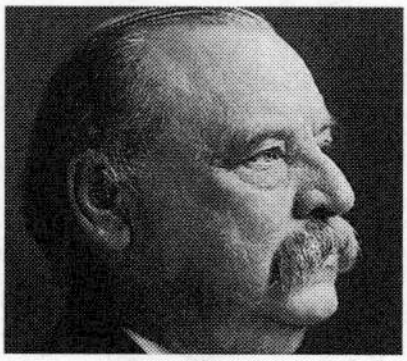

どんな人？：銀貨の鋳造廃止で通貨制度が安定したが、労働争議がますます多くなる。ハワイ併合には反対する。

≫人民党（ポピュリスト）が第三勢力として台頭

民主・共和の二大政党の対決が南北戦争の少し前から主流のアメリカ政治だが、ときとして第三勢力が現れる。そのなかでもそれなりの期間にわたって健闘し、大きな影響を残したのが人民党《ポピュリスト》である。

1892年大統領選挙

大統領	副大統領	党	獲得選挙人数	票数・得票率
グロバー・クリーブランド	アドレー・スティーブンソン	民主	277人	555万4千票 46.0%
ベンジャミン・ハリソン	ホワイトロー・リード	共和	145人	519万1千票 43.0%
ジェームズ・ウィーバー	ジェームズ・フィールド	人民	22人	102万7千票 8.5%

1890年代に農村不況、生産・鉄道・倉庫コストの上昇、通貨デフレ、その背後にあるトラストなどに対して農民の不満が頂点に達していた。1892年にネブラスカ州オマハで第1回の全国党大会が開かれ、銀貨など通貨増発、累進所得税、鉄道や電信の国営化、秘密投票制度、人民投票、大統領の任期制限、上院議員の直接選挙などを綱領とした。

1892年の選挙にはウィーバーを大統領候補に立て、カンザス、コロラド、アイダホ、ネバダなどで選挙人を獲得した。人民党の最盛期はこの1892年と96年の選挙で、もしかすると革新政党として二大政党制に風穴を開ける可能性もあったが、彼らの提案の多くが二大政党によって採用されることにより、アメリカ政治の革新に少なからず影響を与えた一方で、政党としては衰退していった。

ただし、「ポピュリスト」「ポピュリズム」という表現は残り、日本でも小泉純一郎の支持勢力がこの名をもって表されて流行りだし、維新、みんなの党、反安倍法制派などに使われたので、耳にされた方も多いだろう。

この1892年の選挙で、二大政党はハリソンとクリーブランドという4年前と同じ候補を立てて戦った。争点も4年前と似たものだったが、ニューヨーク、イリノイ、カリフォルニアなどが共和党から民主党に転じたので、クリーブランドがホワイトハウスに戻った。

クリーブランドの2期目は1893年の恐慌から始まった。クリーブランドは、不況が銀貨の鋳造過多で金が不足していることからひどくなっていると論じて、議会の民主党議員を説得し、銀貨の鋳造廃止に成功した。

金貨と銀貨の両方を本位貨幣としてその鋳造と輸出入の自由を保持し、なおかつ固定化した金銀交換比率を保持する通貨制度のもとでは、連邦銀行は金で銀を相場より高値で買うことを強いられた。銀貨の鋳造廃止で、財務省の金の保有量は回復した。関税政策でも、不況対策との名目で関税引き下げに成功したが、こちらは小幅な引き下げにとどまった。代わりに税率2パーセントの所得税を導入して税収不足を補った。

こうして、経済政策について、1期目に実現できなかったことも、ある程度は2期目に果たすことができた。だが、労働争議は深刻化し、とくにシカゴのプルマン寝台車会社のストライキは24州に波及し、鎮圧のため、連邦軍を動員することになり、支持者に失望を与えた。

外交面では、帝国主義的な拡大に反対し、ハワイ併合も認めず、キューバの独立運動にも冷淡だった。ただし、ベネズエラと英領ギアナの争いでは、ベネズエラの肩を持ってモンロー主義の伝統に忠実であることを示した。

副大統領のスティーブンソンはイリノイ州出身の弁護士で、下院議員をつとめた。彼の孫は第34代アイゼンハワーの対抗馬として大統領選挙に2度出馬したアドレー・スティーブンソンである。

William McKinley

第25代

ウィリアム・マッキンリー（共和党）

米西戦争に勝利して列強のひとつとなるが暗殺される

評価

B

１８４３年１月29日生～１９０１年９月14日没（58歳）。オハイオ州出身。アレゲニー大学中退。
在任期間：１８９７年３月４日（54歳）～１９０１年９月14日（在任中に暗殺）

どんな人？：スペインに対するアメリカの勝利は、日清戦争での日本の勝利とともに帝国主義が新しい段階に入ったことを象徴した。フィリピン、プエルトリコを獲得。

≫進歩派の躍進を恐れて財界が全面支援

北アメリカで最高峰であるアラスカのマッキンリー山は、我が植村直己が遭難したところだ。１９６３年に起きたケネディ暗殺事件は、その前の大統領暗殺事件の犠牲者であるマッキンリーの名前を日本人の間で有名にした。

1896年大統領選挙

大統領	副大統領	党	獲得選挙人数	票数・得票率
ウィリアム・マッキンリー	ギレット・ホーバート	共和	271人	711万2千票 51.0%
ウィリアム・ブライアン	アーサー・スウォール トーマス・ワトソン	民主・アメリカ人民	176人	651万1千票 46.7%

・副大統領はスウォール（民主）149票、ワトソン（人民）27票

だが、それ以上にこの大統領が日本にとって重要なのは、太平洋への積極的な進出政策を展開した大統領であったことだ。

クリーブランド大統領の見識がたとえ正しいとしても、政権末期にはすっかり支持は失われていた。大衆は賢者のように物わかりがよいものではないのだ。

もはや、共和党がまっとうな候補を立てれば勝利は確実なように見えた。そこにうってつけの人物がいた。オハイオ州知事で、弁護士で下院議員をつとめたこともあるマッキンリーだった。誠実で謙虚で親切で寛大で、人が欲することを実現することに熱心だった。

民主党は普通のやり方では勝てないことが明らかだったので、人民党に擦り寄ることにした。ネブラスカ州出身で36歳のブライアンは、ハンサムで素晴らしい演説の名手だった。彼は銀の自由鋳造など人民党と似た政策を掲げていた。彼の言葉は「労働者の額に棘《いばら》の冠を押しつけることなかれ、黄金の十字架《ザ・クロス・オブ・ゴールド》

に人類を磔《はりつけ》にすることなかれ」などと美しく、宗教的といってよいような感動を呼び起こす力を持っていた。人民党はブライアンに相乗りするしかなく、副大統領候補だけを独自で擁立した。

この強敵の出現を前に、マッキンリー陣営の資本家たちは献金し、ブライアンの10倍といわれる選挙資金をつぎ込み、危険な対立候補がホワイトハウスへ入るのを阻止した。だが、マッキンリーの当選はそれだけが理由だけでない。たしかにヨーロッパと違って広大な土地があるアメリカでは工業の発展は農業の衰退をもたらさなかったが、それでも拡大する都市住民を無視して農民利益の保護に過度に偏るのは時代錯誤だったのである。

マッキンリーは、財政赤字もあって、クリーブランドの関税引き下げを方向転換して、ディングリー関税法で57パーセントもの税率にした。世界経済史的に重要なのは、１９０0年における金本位制の採用である。１８８0年代以来、工業国を中心に拡大してきた金本位制の貿易体制が、このアメリカによる採用で最終的に確立し、外国為替の安定化が実現した。

外交では、アメリカ人保護を目的に派遣されたメイン号が爆破されたのを口実にスペインと戦端を開き（米西戦争）、キューバの独立と、フィリピンやプエルトリコの割譲を認

1900年大統領選挙

大統領	副大統領	党	獲得選挙人数	票数・得票率
ウィリアム・マッキンリー	セオドア・ルーズベルト	共和	292人	722万9千票 51.6%
ウィリアム・ブライアン	アドレー・スティーブンソン	民主	155人	637万1千票 45.5%

めさせた。キューバには憲法にプラット修正条項を加えさせ、事実上の保護国化し、グアンタナモ基地の永久租借を認めさせて現在に至るまで居座っている。

ついでにフィリピン防衛のために必要だとしてハワイ王国を併合したが、これは日韓併合の先例となった。もし日韓併合が不当なら、この併合も同等以上に不当だ。中国に対しては門戸開放を呼びかけて、利権獲得の立ち後れを回復しようとした。

1900年の選挙のときになっても経済は好況で、米西戦争に勝利して間もなかったこともあり、マッキンリーは圧倒的勝利を収めた。民主党はブライアンを再び立て、銀の自由鋳造を訴えたが、南アフリカやカナダのクロンダイクでの金鉱発見で金の価格が下がり、それほど大きな争点になりにくくなっていた。

この選挙で、共和党はセオドア・ルーズベルトを副大統領候補とした。改革派でニューヨーク州知事をつとめていた彼を、ニューヨークから追い出したいというのが本音だったが、期待は裏目に出た。なぜなら、任期の最初の年の9月に、バッファローでマッキンリーは自称アナキストに暗殺され、ルーズベルトが大統領に昇格したからである。

マッキンリーの病弱な妻に対する献身は国民の共感を呼び、政敵でさえ夫人の健康問題には触れられなかった。オハイオ州カントンで町一番の美女アイダ・サクストンと順風満帆に新婚生活をスタートさせたマッキンリーだったが、間もなく妻が難病に襲われ、以後、生涯にわたって介護を続けた。神経性の病気といわれる夫人にとって政治の世界は負担が重かっただろうし、常に妻から目を離せない状態で大統領という公職に就くことが適切であったのかという疑問もあるが、「病気をありのままに受け入れ、与えられた使命を果たしていく」というのはアメリカ人の大好きなストーリーではある。

Theodore Roosevelt

第26代

セオドア・ルーズベルト（共和党）

現実主義的発想で内外の問題を次々と解決

１８５８年10月27日生〜１９１９年1月6日没（60歳）。ニューヨーク州出身。ハーバード大学卒業。コロンビア大学ロースクール中退。

在任期間：１９０１年9月14日（42歳）〜１９０９年3月4日

どんな人？：軍事的な圧力を背景に、ポーツマス条約の仲介などで活躍。進歩主義的改革を始め、環境保護政策にも取り組む。共和党の大物議員、ジョン・マケインが尊敬する政治家。

評価

A

≫ラシュモア山に彫られた4人の大統領

巨大な岩山に彫られた4人の大統領の肖像は、アメリカを代表する風景のひとつとして有名である。どこにあるのか知っている人は少ないかもしれないが、サウスダコタ州のラシュモア山国立記念公園というところで、１９２７年から41年にかけて建設されたものだ。

それでは誰の顔かというと、これも正確に言える人はあまりなさそうだが、ワシントン、ジェファーソン、リンカーン、そしてセオドア・ルーズベルトである。

ところが、このうち4人目のセオドア・ルーズベルトは、同じ時代のウィルソンや、あるいは親戚筋にあたるフランクリン・ルーズベルトに比べて評価が低かった時期があるのだが、このところその評価は上昇傾向にあるようだ。

セオドア・ルーズベルトは「穏やかに話し、棍棒を持ってさえいれば遠くに行ける」という西アフリカの格言をモットーとしていた。こうした物言いは、リベラル主義全盛期には嫌われた。政治家としての力量とか実際になしとげた仕事よりも、高らかに理想主義を謳い上げるようなタイプが好まれ、現実主義的な発想は疎《うと》んじられた。

セオドア・ルーズベルトに高邁《こうまい》な理想がなかったのではない。ただ、それが言葉だけに終わってはならないと、信じていたのである。彼がパナマ運河を建設するためにコロンビア国内の分離派を巧妙にけしかけたことを理想主義者は非難したが、「運河を建設する前に半世紀も議論するよりも、建設してから私の処置について半世紀議論しろ」と反論した。

確かに、彼の外交も内政も、棍棒による威嚇を背景にしたものだったが、脅しですめばそれで十分だということであったし、棍棒をふるうにしても最小限のものにとどまり、十分に理性によって抑制されたものであった。

彼は日露戦争の終結のためにポーツマス条約を斡旋して、これがノーベル平和賞受賞につながった。戦後、大艦隊を友好訪問させたが、これを日本への警告だったという人もいる。それは少し言い過ぎだが、牽制くらいの意味はあったかもしれない。そして、カリフォルニアの日本人排斥法案には賛成しなかったが、日本に自主規制させた。

≫金融パニックへの対応策をまとめた先見性

ルーズベルト家は1649年にオランダ領だったころのニューヨーク（ニューアムステルダム）に移住してきた、ローゼンベルツという名の家族だった。ルーズベルトというのは英語風に直したものだが、アメリカ人の苗字にはこうしたケースがけっこう多い。シュミットさんがスミスさんになることが多いし、ニクソン大統領のときのアグニュー副大統領はアナグノストプロスが本来の名だ。在日韓国・朝鮮人が帰化するときに、金田とか新井といった元の名につながる日本風の名前に変えることがあるのと同じだ。

1904年大統領選挙

大統領	副大統領	党	獲得選挙人数	票数・得票率
セオドア・ルーズベルト	チャールズ・フェアバンクス	共和	336人	763万票 56.4%
アルトン・パーカー	ヘンリー・デイビス	民主	140人	508万4千票 37.6%

少年時代には蒲柳《ほりゅう》の質だったが、アウトドアの生活やスポーツによって強靱な肉体と精神を手に入れた。ニューヨーク州議会議員をつとめたあと、公安委員長として警察の改革に取り組み、有能な行政官として名声を高めた。マッキンリーによって海軍次官に任命されたが、米西戦争に志願して活躍し、ニューヨーク州知事となった。

マッキンリー暗殺により史上最年少の大統領に就任し、共和党左派として党を進歩派の方向へ向けようとした。彼のモットーは「公正な処理《スクエア・ディール》」であって、最初から誰かの味方をするというような発想は嫌った。資本主義に反対していたわけではないが、大企業の腐敗に不信感を抱き、反トラスト法に基づいて任期中に44の訴訟を起こした。裁判所は労働組合に厳しい傾向があると指摘したこともある。

反トラスト法の改正では、州間通商委員会を設立し、委員会主導で監査制度を統一した。公正かつ適正な価格を取り決めて規制する体制もつくり、リベートの規制を強化し、罰金も引き上げた。鉄道運賃にも規制を導入した。全国民加入の健康保険制度と無料の医療制度を呼びかけた最初の大統領でもある。

1907年の不況を受けてアルドリッチ・ブリーランド法を成立させ、金融パニックの際には緊急に特別な通貨を発行する権限を財務省に与えた。この通貨発行権限が、のちに財務省から独立して、1913年の連邦準備制度（FRB）に発展していくことになる。

自分自身がアウトドア生活を好んでいたことからも、環境破壊に着目し、国土の荒廃を防ぐために森林の国有化を進め、無料だった放牧地からは使用料を取って保全に努めた。こうした環境保護への取り組みはもっと評価されるべきものだ。

ルーズベルトは再選時の選挙では、民主党候補でニューヨーク州控訴裁判所判事だったアルトン・パーカーに記録的な大勝利を収めた。この選挙では労働組合指導者であるユージン・デブスが立候補し、3パーセントを獲得している。2016年民主党予備選挙におけるサンダースの健闘は、しばしばこのときのデプスと比べられることがある。

また、1903年にウィスコンシン州で予備選挙《プライマリー》が始まり、これが全国に広まり、やがて大統領選挙にも採用されてアメリカ政治を変えていくことになる。

よく知られているように、狩猟で子熊を撃つのを拒否したというエピソードが元となって、おもちゃの「テディベアー」（「テディ」はセオドアの愛称）の名の由来となった。アウトドアライフや自然誌、アメリカ史、政治史、軍事史、自伝など、出版した著書は35冊で、歴代の大統領で最多である。

ルーズベルト2期目の副大統領はジャーナリスト出身で、インディアナ州選出上院議員で保守派のフェアバンクスだった。アラスカ中央部の都市に名を残している。

ルーズベルトの幼なじみであるイーディス・カミットは、先妻アリスを亡くした彼とロンドンで結婚式を挙げた。4人の男の子の母になった彼女は、夫を「私の5番目の息子」と呼び、やんちゃ坊主のようなところがあるセオドアをコントロールしながら、賑やかで楽しい家庭を築いた。冷静沈着でありながら自由で寛容な心の持ち主だったといわれる。

夫の姪にあたるエレノアとフランクリン・ルーズベルトの夫妻に対しては違和感があったのか、「主人の遠い親戚」などと呼んでいる。

第27代

ウィリアム・タフト（共和党）

禅譲を受けた前任者と対立して再選ならず

１８５７年9月15日生～１９３０年3月8日没（72歳）。オハイオ州出身。イェール大学卒業。シンシナティ大学ロースクール卒業。

在任期間：１９０９年3月4日（51歳）～１９１３年3月4日

どんな人？：まじめな法律家でセオドア・ルーズベルトから後継指名を受けたが、政治力を発揮できなかった。「砲艦《ガンボート・》外交《ディプロマシー》」に代わる「ドル外交」を展開。

評価

C

退任後に就任した最高裁長官の方がお似合い

「ドル外交」というのは、砲艦で脅す「砲艦外交」より経済力を活用してアメリカの影響力を高めていこうというタフト大統領の考え方で、決して非良心的なものではなかった。

だが、政治的なメッセージとしてはイメージが悪く、人気がなかったし、日本などをいら

1908年大統領選挙

大統領	副大統領	党	獲得選挙人数	票数・得票率
ウィリアム・タフト	ジェームズ・シャーマン	共和	321人	767万8千票 51.6%
ウィリアム・ブライアン	ジョン・カーン	民主	162人	640万9千票 43.0%

だたせた。苦労して血を流して勝ち得たものを、ドルの力で横取りされて気持ちがよいはずがない。

タフト家はオハイオ州きっての名門である。彼の父親はグラント大統領の陸軍長官、息子は歴史においてもっとも偉大な上院議員の1人として顕彰されたロバート・タフト、孫も上院議員で、曾孫は2007年までオハイオ州知事だった。

ウィリアム・タフトは体重が160キロと歴代大統領のなかでももっとも重かったが、とてもやさしい声をして鷹揚《おうよう》で魅力的な人物だった。このキャラクターは、ことにフィリピンがアメリカの植民地となったとき文民執政官として大きな成功をもたらし、陸軍長官に抜擢された。

ルーズベルトは、彼こそが安心して後を託せる人物だと見て勇退した。民主党はまたもやブライアンを3度目の候補としたが、共和党は「今回はタフトに投票しよう、ブライアンへの投票はいつでもできる」と軽妙に応じて圧勝した。

タフトが大統領になったあとルーズベルトは、後任者の仕事がしやすいように世界旅行に出かけ、アフリカでサファリを楽しみ、ノーベル平和賞を受賞し、オックスフォード大学で名誉博士号をもらった。

この旅行から帰ったとき、ニューヨーク市民は凱旋将軍のように彼を迎えたが、ワシントンで彼が聞いたタフトの評判はあまりよくなかった。

確かにタフトはルーズベルトが任命したうち何人かの高官を更迭したが、彼らは毀《き》誉《よ》褒《ほう》貶《へん》の激しい人物だった。彼の政策は前任者ほど派手な効果は求めなかったが、法律家らしく、反トラスト法に基づいて任期中に80もの訴訟を起こした。そのなかには当時のアメリカ最大企業で、ルーズベルトが企業合併で承認を出したUSスティールも含まれており、これもルーズベルトの不興を買った。

連邦政府に入る法人税や所得税、郵貯銀行と郵便小包制度を創設するなど、政府部門を拡張した。法人税率は1パーセントだったが、1912年には3480万ドルの歳入をもたらした。

関税改革では、税率の引き下げが共和党内の製造業・農業支持層と小売業・消費者支持層で分裂を広げることを恐れて沈黙してしまったルーズベルトとは異なり、大胆にも引き下げに出た。結果として党内の双方から恨みを買ったが、内容的には妥当なものだった。

また上院議員を州議会ではなく直接選挙で選べる制度を導入した。

中米でタフトはドル借款でいくつかの国を従属的な立場に置くことに成功したが、それは明らかに砲艦によるよりましなやり口のはずだった。

だが、合理的であることがよい評判をもたらすとは限らない。世論はフラストレーションを増し、中国本土や満州をめぐっても、ドルの力で中国を動かし日本やロシアを牽制しようとしたが、戦いに負けたわけでもないのに譲歩するほど日本の世論は物わかりよいはずもなく、日米関係は不安定になった。

そこでルーズベルトが達した結論は、同じことをしてもタフトがやると自分がやるより評判が悪いのであれば、もう1度自分でやるしかないということだった。

こうして共和党は分裂し、タフトは1期でホワイトハウスを去り、のちに連邦最高裁の長官となった。本人にとって大統領よりはるかに落ち着けるポストだったという。

副大統領のジェームズ・シャーマンは、ニューヨーク選出の下院議員だった。タフトが再選をめざした大統領選挙でも副大統領候補だったが、投票日の直前に死去した。

17歳のヘレン・ハーロンは、父親の友人であるヘイズが大統領のときホワイトハウスを訪れ、感激のあまり「将来、大統領になれる男性と結婚する」と宣言した。30年後、タフトと結婚して念願かなってホワイトハウスの女主人になった彼女は、フィリピン総督時代の経験をもとに数々の改革に着手するが、悪趣味だと批判の嵐にさらされた。

しかし、マニラの公園をイメージしたポトマック河畔美化は成功し、夫妻の友人である尾崎行雄東京市長から贈呈された桜の苗木は、いまも日米友好の桜並木としてワシントンの名所だ。

Woodrow Wilson

第28代

ウッドロウ・ウィルソン（民主党）

第一次世界大戦時の学者大統領

1856年12月28日生～1924年2月3日没（67歳）。バージニア州出身。ニュージャージー大学（のちのプリンストン大学）卒業。バージニア大学で法律を学ぶ。ジョンズ・ホプキンス大学で博士号取得。

在任期間：1913年3月4日（56歳）～1921年3月4日

評価

B

どんな人?：ベルサイユ条約で国際連盟を提唱するが、連邦議会は参加を拒否。反トラスト政策の進展など初期には成果をあげる。

≫脳卒中で倒れ、人に会わずに大統領職を続ける

国際連盟の設立はベルサイユ平和条約に盛り込まれたものの、これが連邦議会の承認を得ることは絶望的な情勢だった。アメリカの大統領が提案しておきながら、彼自身の国が参加しないという屈辱的な事態を避けるためにウィルソンは全国遊説の旅に出た。

1912年大統領選挙

大統領	副大統領	党	獲得選挙人数	票数・得票率
ウッドロウ・ウィルソン	トーマス・マーシャル	民主	435人	629万6千票 41.8%
セオドア・ルーズベルト	ハイラム・ジョンソン	アメリカ進歩	88人	412万3千票 27.4%
ウィリアム・タフト	ニコラム・バトラー	共和	8人	348万6千票 23.2%

だがウィルソンは疲労のあまりコロラドで倒れ、そのままホワイトハウスの奥深く籠もり、夫人と医師しか会えないまま大統領であり続けた。閣僚たちとのコミュニケーションもなく、震えた手で裁可した書類が辛うじて権力を滞らせなかったが、そのサインすら本物かどうか疑わしかった。

そもそもウィルソンの再選は辛勝だったし、中間選挙では敗北していた。それならパリの講和会議の代表団に共和党の有力者も入れておくべきだったが、そういう配慮もしなかった。

議決機関を説得するより大衆の支持を背景に抵抗勢力を克服するというのは、彼がプリンストン大学総長時代も、ニュージャージー州知事時代にも、そして大統領になってからも時折だが成功していたパターンだったので、それに固執したのである。

ウィルソンは、バージニア州でスコットランド系アイルランド人の子孫である長老派牧師の子として生まれ、ジョージア州で育った。歴史および政治学の学者となり、プリンストン大学の総長

1916年大統領選挙

大統領	副大統領	党	獲得選挙人数	票数・得票率
ウッドロウ・ウィルソン	トーマス・マーシャル	民主	277人	912万7千票 49.2%
チャールズ・ヒューズ	チャールズ・フェアバンクス	共和	254人	854万9千票 46.1%

として寄宿舎の設置など改革に尽力した。煙たがられて、追い出すために担ぎ出されたニュージャージー州知事として、そこそこの業績をあげた。

1912年の選挙では、共和党では14の州で予備選挙が初めて行われ、そこではセオドア・ルーズベルトが圧勝した。だが現職のタフトは予備選をしない州の有力者からの支持を早くから取り付けていたので、前大統領を寄せ付けなかった。納得できないルーズベルトは、進歩党《プログレッシブ》から立候補することにした。

共和党の分裂で絶好のチャンスが訪れた民主党では、ミズーリ州選出の下院議長チャンプ・クラークが選挙人の過半数を獲得したが、3分の2に達せず、ブライアンが中西部左派の支持を南部出身のウィルソンにもたらしたことで46回目の投票で候補に選ばれた。

選挙戦では、タフトはルーズベルトにも及ばず、ウィルソンが圧勝した。再選時の選挙では、連邦最高裁判事チャールズ・ヒューズが共和党の指名を受け、ルーズベルトも支持を表明したので、進歩党は瓦解し、二大政党の争いとなった。ウィルソンは中立を続けることを訴えたので、東部ではヒューズが勝利したが、南部と西部で逆転して辛勝した。

第一次世界大戦によってアメリカは大きな経済的な利益を得たが、ドイツ潜水艦の船舶撃沈によってルシタニア号事件などで多くのアメリカ人も犠牲になった。それでもウィルソンは中立を守ろうとしたが、1917年になって、ドイツがメキシコと結び、アメリカ参戦のときはテキサスなど3州を与えるという提案をしたことが明らかになり、これがアメリカ世論を変えた。ドイツ軍はフランスには食い止められたものの東部戦線で健闘し、有利な条件での講和が現実的なものになっており、そうすればイギリスなどへの債権が滞る可能性もあった。

≫反トラスト法の改正で経済に刺激

アメリカの参戦は形勢を一転させ、ドイツでは革命が起きてワイマール共和国が成立し、戦争は終わった。ウィルソンは「勝者なき和平」をめざしたが、イギリスとフランスはそれを許さず、民族自決の原則は受け入れられたが、それも、英仏に都合がよい限りでのものだった。中東欧ではハプスブルク帝国が解体され、バルカンの混乱を拡散した。

日本は民族平等の原則を提唱したが、イギリスやオーストラリアが猛反対し、アメリカ自身も移民政策への影響を懸念したために、ウィルソンは自らの理想主義の例外とせざるを得なかった。

もしこのとき、アメリカの大統領がセオドア・ルーズベルトだったとすれば、早期の参戦という「棍棒」を脇に持ちながら調停に乗り出しただろうし、戦後体制の構築にあたっても非現実的なアプローチをとらずに堅固な平和の秩序を見いだしたであろう。わずか20年で第二次世界大戦が起きたことを考えれば、ベルサイユ体制は完全な失敗である。

国内経済は、反トラスト法拡充や関税削減、農業への長期低利融資を含む支援策、金融制度改革が功を奏して、初期には景気が回復した。反トラスト法の拡充では、法律の細目《さいもく》が不明確なために個別の案件ごとに政府が大規模な訴訟を起こしてきた従来のやり方を改めた。

代わりに、価格差別や小売業者の囲い込みなど、違法行為を明確化して企業内の担当者個人に責任を問えるようにしたので、競争が促進され、好景気につながった。

金融制度改革では、１９１３年の連邦準備法《フェデラル・リザーブ・アクト》の制定が重要である。アメリカが１９００年に採用した金本位制は、通貨を金だけで裏付ける制度だったので、外国為替を安定させて貿易を促進した半面、通貨流通量を抑え気味にしてしまうという問題が浮上した。

そこで財務長官が、財政黒字を金融市場に供給することで貨幣需要を満たす役割を期待されたのだが、財務長官が金融の専門家であるとは限らなかったので、ルーズベルトは、金融市場の需給に応じて柔軟に通貨供給量を調節できる仕組みが必要だと提案し、それがウィルソンによる連邦準備法につながった。これに基づいて、中央銀行としてFRBが創設され、第一次世界大戦時の連合国への財政支援も可能になった。

他方で鉄道スト回避のため、従来の賃金のまま労働時間を1日8時間に制限する法案を通し、労働組合の支持を得た。この法律は反トラスト法に違反しないと連邦最高裁から承認されたが、児童労働を制限する法律は、連邦最高裁から違憲判決を受けた。

このようにルーズベルト、タフト、ウィルソンと育ちがよく学歴もある3人の大統領が進歩主義的な政策をとったのは、成り金たちや利権政治家に任せていたらアメリカ社会の分裂が不可避であるという危機感もあった。ノーブレス・オブリージュとして、それまでアメリカではヨーロッパなどと違い、育ちがよい人には不向きといわれて敬遠されていた政治に乗り出したということでもあった。

ウィルソンは、外交に精力を使い果たしたのか、大戦後の平時への移行には無頓着で、経済に混乱が広がった。戦時バブルが崩壊し、高騰した農地を買った多くの農家が負債を背負ったり破算したりした。1919年には大規模なストが起きるなどして戦後不況が深刻化した。

副大統領は、インディアナ州知事だったトーマス・マーシャルで、モンロー大統領時代のトンプキンズ以来、久しぶりに2期にわたってつとめた。大戦中の国内遊説に活躍し、ウィルソンの渡欧中は閣議を主宰した。だが、大統領が病に倒れたのちには、直接の面会を避けるなど、意欲的に代行しようとはしなかった。

ウィルソンの2人の妻はそれぞれに個性的だった。ホワイトハウス入りの1年半後に亡くなったエレンは、ジョージア州の女子大卒業後にニューヨークのアート・スチューデント・リーグで学んだ画家で、ホワイトハウスの屋根裏をアトリエにしていた。

再婚相手だったイーディス・ガルトは高級宝石店を経営する資産家未亡人で、ディズニー・アニメで有名になった、17世紀にキリスト教に改宗したインディアン・プリンセスのポカホンタスの末裔である。脳卒中の後遺症で身体が不自由になったウィルソンと政府関係者の業務取次ぎをしたことで、「女大統領」「ペチコート政府」と非難された。

コラム⑤

アメリカ経済史③——大恐慌からグローバリゼーションまで

1929年10月24日のニューヨーク株式市場での株価大暴落に始まる大恐慌では、倒産、破産が続出し、激しい物価下落と大量失業が巻き起こった。しかし「ニューディール」政策で、計画経済的な方向へ路線転換したのが功を奏して、消費財産業は一定の回復を見た。

続く第二次世界大戦では、鉄鋼や金属産業などの重化学工業が本格的に回復し、失業者もほとんどいなくなった。日本やヨーロッパが戦争から直接的な被害を受けたのに対して、アメリカは工場も農場も無傷のままであり、その経済力は世界の他の国々を圧倒していた。古代のローマ帝国や中国、そして近代のイギリスのように、現代の覇権国として、「アメリカの平和」を生み出し、20世紀の国際秩序形成を主導する存在になった。

「冷戦」のもとで、ソ連を盟主とする社会主義陣営が、所得の分配による平等をめざしたのに対して、アメリカは「フォード主義」に代表されるように、効率や生産性を上げていけば、労使双方がゼロサムゲームから抜け出し、資本主義のもとでも労働者の側は大きな利益を享受できるという可能性を示し、西側陣営をつなぎとめてきた。鉄鋼や自動車、ゴムなどの産業の熟練労働者は、高い生活水準を謳歌した。郊外の広いマイホームに、一家に2台の自家用車、専業主婦はスーパーで買い物、休日には家族でマクドナルドへ、という「アメリカン・ライフスタイル」は世界の羨望の的となった。アメリカ企業が始めたスーパーやファストフード店は、世界中でビジネス・モデルとなって普及した。1960年代まで、アメリカ資本主義の黄金時代には、景気循環に振り回される従来の経済が克服され、経済成長が定着したかに見えた。

アメリカは資本主義陣営のために、NATO（北大西洋条約機構）や日米安全保障条約を通じて軍備の大部分を負担し、また自国の市場を開放し、ヨーロッパや日本の戦後復興を支援したが、アメリカ自身は世界経済に対する依存を高めるにつれて浪費体質になり、自らの貯蓄を切り崩していった。それが「ニクソン・ショック」と呼ばれる1971年8月の金ドル交換停止を招き、ドルを唯一の国際通貨とする戦後のI

MF（国際通貨基金）体制が変わり始める。44年7月の連合国通貨金融会議（ブレトン・ウッズ会議）でIMFが設立されたときには十分にあったアメリカの金準備は、戦後一貫して減り続け、ドルを金にリンクする体制を支えきれなくなったのである。石油危機以後のアメリカ経済は、軍産複合体で世界の他の国々を犠牲にする収奪的な方法で、その浪費体質をなんとか支える状態が続いてきた。

生産面では、ブランドイメージと高品質で評価を確立した商品を多く生み出すヨーロッパや日本とは異なり、アメリカの商品の大部分は必ずしも高付加価値ではない。にもかかわらずアメリカ経済は、停滞するヨーロッパ・日本経済とは違って競争力があり活気に満ちているとの神話が広く行き渡り、危機感に欠けるようにも見える。規制緩和を中南米諸国など、他国にも広げることで、アメリカ自身が最大の受益者と見なされることの多い「グローバリゼーション」だが、安価な大衆商品の大量生産では、はるかに低賃金の中国との競争が激化している。

クリントン時代には失業が減り、インフレも抑えられ、IT産業が発展して、アメリカの経済覇権が再確立しつつあるかのように見えたものの、ブッシュ（子）時代には無謀なイラク戦争を起こし、巨額の貿易赤字や財政赤字、ゼロに近い貯蓄率、ドル安が続き、研究開発投資も減り、元の黙阿弥《もくあみ》となった。肥大化する公共部門や、官僚組織化が著しい巨大企業など、かつてアメリカ経済の最大の長所と見なされてきた効率性を失いつつあるとの指摘も出てきた。

それでもアメリカが軍事を含めて従来通りの高い水準の歳出を続けられるのは、産油国や日中などの海外投資家による米国債購入に負うところが大きい。しかしこれらの資金提供者が、アメリカの一極支配に目をつむりながらもアメリカに貸し続けてきたのは、リーマンショック以後、新興国の経済成長が鈍化する現状で、基軸通貨であるドル以外に有力な投資先が見出せないからに過ぎないし、まだ余裕のある今のうちに債務問題に対処しておかなければ、世界経済に大きなリスク要因を残すことになりかねない。

（古家弘幸）

第六章

第二次世界大戦と冷戦の開始

ハーディングからアイゼンハワー

◆第二次世界大戦と冷戦の時代

ウォーレン・ハーディング(Warren Harding)	1921/03/04-1923/08/02

ワシントン海軍軍縮条約(1922)ファシスト政権誕生(22)

カルビン・クーリッジ(Calvin Coolidge)	1923/08/02-1929/03/04

移民割当法(24)トーキー映画。中国に国民政府成立(27)

ハーバート・フーバー(Herbert Hoover)	1929/03/04-1933/03/04

株価が大暴落、世界恐慌(29)エンパイア・ステート・ビル(31)

フランクリン・ルーズベルト(Franklin Roosevelt)	1933/03/04-1945/04/12

ニューディール(33)ナチス政権成立(33)第二次世界大戦勃発(39)

ハリー・トルーマン(Harry Truman)	1945/04/12-1953/01/20

第二次世界大戦終結(45)国際連合発足(45)NATO発足(49)

ドワイト・アイゼンハワー(Dwight Eisenhower)	1953/01/20-1961/01/20

アジア・アフリカ会議(55)日米安全保障条約改定(60)

第29代

ウォーレン・ハーディング（共和党）

周囲の腐敗になすすべもなかった史上最悪の大統領

評価

E

1865年11月2日生～1923年8月2日没（57歳）。オハイオ州出身。オハイオ・セントラル（のちのマスキンガム）大学卒業。

在任期間：1921年3月4日（55歳）～1923年8月2日

どんな人？：「常態に帰れ」「アメリカ・ファースト」をキャッチフレーズに圧倒的支持で当選したが、支持者たちの利権あさりで国庫にも大損害を与える。

≫ワシントン会議で日米対立の種をまく

民主主義の長所は、間違いを修正する機能に優れていることだと言われる。裏を返せば、間違いを起こすことを避けるには決して優れた制度ではないということだ。ハーディングがアメリカ大統領選挙史上で最高の得票率を獲得した候補であり、その歴史的評価が

1920年大統領選挙

大統領	副大統領	党	獲得選挙人数	票数・得票率
ウォーレン・ハーディング	カルビン・クーリッジ	共和	404人	1614万4千票 60.3%
ジェームズ・コックス	フランクリン・ルーズベルト	民主	127人	914万票 34.1%

ほとんど例外なく最低とされるのは、民主主義という制度の根本的な弱点の証左である。

ウィルソンの評判は散々だったから、もはや共和党は誰を候補にしても勝てそうだった。そこで自分の意見や強い意志がないほどよい大統領になると考えられた。偉大な知性とか世界観などにはボスたちはもちろん、普通のアメリカ人も疲れていた。

ハーディングの参謀は、「彼の名が最初から出ては勝ち目はないが、集会の終わりに煙草の煙が立ちこめる部屋で、疲れ果てた男たちの前でつぶやけば意外に強い」と考え、実際にそうなった。

オハイオ州で新聞経営者の父と、助産師から医師になった母との間に生まれ、本人も新聞経営者として成功し、上院議員になった。たいした取り柄はなかったが、とてもハンサムで大統領にこのうえなくふさわしい立派な容姿だった。

民主党では新聞発行人で知事のジェームズ・コックスが指名を受けたが、第一次世界大戦でイギリス側についたウィルソンに対するアイルランド系やドイツ系からの反発もあり、本来の支持層の動員すらできなかった。徴兵忌避扇動を理由に獄中にあった社会党のユージン・デブスも１００万票を獲得して民主党の票を奪い、「常態に帰れ《リターン・トゥ・ノーマルシー》」「アメリカ・ファースト」（アメリカこそ第一。２００８年の大統領選挙でマケイン陣営は「カントリー・ファースト」というよく似たスローガンを使っていた）と叫んだハーディングが地滑り的勝利で選ばれた。

　この選挙では、１９２０年8月成立の憲法修正第19条によって、全州で女性の投票が認められた。

　ハーディングは、所得税の最高税率が77パーセントまで上がっていた第一次世界大戦時の臨時の税制を廃止して大幅減税を行い、景気刺激を図った。最高税率は１９２３年には50パーセントへ、クーリッジ次期政権末期の１９２９年には24パーセントまで下がり、同時に低所得層の負担も軽減された。

　大戦時からの政府債務と財政赤字がひどかったため、その埋め合わせに関税を引き上げたが、これが報復関税を招き、世界大恐慌の一因となった。旧連合国諸国は、大戦での対米債務を対米輸出で返済しようとしていたからである。

　他方で歳出を効率よく行う目的で、議会に会計検査院を設け、予算の監査、評価、調査の権限を与えた。これが2004年には政府説明責任庁(GAO)と名称変更し、本来の目的が明確化された。大統領として、ハーディングのほとんど唯一の功績といってもよい。

外交ではワシントン会議を招集し、主要国の海軍力軍縮に成功し、中国の門戸開放を承認させ、太平洋の現状凍結を決めて日英同盟を廃棄させた。一見、よさそうに見えたが、万能薬はどんな病気にも効かないものだということに、やがて気がつくことになる。日英同盟という拠り所を失い、大陸で築き上げてきた財産が不安定になった日本は迷走を始めてしまったのだ。

だが、ハーディングの最大の問題点は、彼を大統領にしてくれた怪しげな友人たちにポストを配分し、彼らもおおらかに利権をばらまいたことである。石油の掘削権、軍用物資の払い下げなどで賄賂とともに莫大な損害が国庫に与えられた。

これらの悪事にハーディング自身は関わっていなかったが、言い訳にはならなかった。友人に裏切られたと悩んだ大統領はアラスカに旅行に出た。だが、その旅先にも衝撃的な報告が送られてきて、彼はますます元気を失い、サンフランシスコで「蟹《かに》の缶詰にあたって食中毒」を起こして倒れ、死んだ。

当然、いろいろな噂が流れ、なかには夫人による毒殺だなどというものもあった。夫人であったフローレンス・クリングは離婚暦のある子連れで、平凡な容姿だったが、実家はハーディング家より社会的地位の高い裕福な銀行家だった。そんな彼女のアタックに5歳年下のウォーレンは逃げ腰だったが、ついに押し切られ結婚を承諾する。しかし、以後、彼女は夫の度重なる浮気に苦しむことになる。大統領候補指名の際に、彼女は大統領職に夫が耐えられるか不安を感じていたようだ。その危惧《きぐ》は的中したのである。

第30代

カルビン・クーリッジ（共和党）

アメリカ人がいちばん幸せだった時代の寡黙な清教徒

評価

C

1872年7月4日生～1933年1月5日没（60歳）。バーモント州出身。アマースト大学卒業。

在任期間：1923年8月2日（51歳）～1929年3月4日

どんな人？：このころアメリカ経済は絶好調で繁栄を謳歌した。謙虚な人柄だがマスメディアの活用も上手で国民の支持を広く集めたが、危機は迫っていた。

ハリウッド映画が女性を解放した

『ローマ帝国衰亡史』の作者E・ギボンは五賢帝の時代を「人類史上もっとも幸福な時代」と評したが、さらに何千年かあとの歴史家はアメリカ文明の全盛期としてこのころに同様の賛辞を送るかもしれない。

ラジオ放送が開始され、映画産業は全盛期を迎えた。ヘンリー・フォードは自動車を大衆の乗り物とし、ジャズ、野球、フットボールに人気が集まった。映画は女性に働くことや恋愛することを教えた。困った話題といえば、ウィルソン大統領末期に完成した禁酒法《プロヒビション・ロー》が、アル・カポネのような裏社会を潤したくらいのことだった。

規格化された大量生産で工業が発展し、アメリカ製品は世界を席巻《せっけん》した。第一次世界大戦の賠償支払いは相変わらず問題だったが、アメリカがドイツに融資し、ドイツは英仏に賠償を払い、英仏はアメリカに債務を償還して、アメリカは大きな不労所得を得ることができた。

こうした幸福をアメリカ人はよその国民と共有したくなかったので移民制限法《イミグレーション・アクト》を制定し、移民を年間15万人として、過去の実績を尊重するという名目でWASPの優位を固定することにしたため、南欧や東欧からの移民は抑制され、東洋からの移民は締め出された。

この結果、日本人や中国人が満州のような限られたフロンティアに殺到し、それが日中戦争のひとつの伏線になっていく。

外交では中南米とアメリカの関係が歴史上もっともよかった時期で、とくにメキシコとの長年の対立が氷解したのがこの時代である。ヨーロッパ諸国や日本とはさらなる海軍軍縮には失敗したが、パリ不戦条約で、戦争というのはこの世からなくなったようにも見えた。

≫レーガン時代に再評価されるが

クーリッジはバーモント州出身のピューリタンでマサチューセッツ州に移り、弁護士、市長、下院議員、上院議員、知事をつとめた。知事としての彼の名声を高めたのは、ボストン警察のストライキに州兵の出動を命令し、「いついかなるときも公の安全に対するストライキの権利はない」と宣言したときだった。1922年の大統領選挙で、ハーディングの意思とは関係なく、代議員たちは副大統領候補にクーリッジを投票で選出した。

クーリッジがハーディングの死を知ったのは、郡判事だった父の農場でのことだった。電気も電話もなかったが、父は石油ランプの灯火のもと、息子のために先祖伝来の『聖書』を前に置いて大統領としての宣誓式を執り行った。このエピソードはアメリカ人に非常な感銘を与えた。

次の大統領選挙は、インディアンが合衆国市民として投票権を得た最初の選挙だった。

1924年大統領選挙

大統領	副大統領	党	獲得選挙人数	票数・得票率
カルビン・クーリッジ	チャールズ・ドーズ	共和	382人	1572万4千票 54.0%
ジョン・デイビス	チャールズ・ブライアン	民主	136人	838万6千票 28.8%
ロバート・ラフォレット	バートン・ホイーラー	進歩	87人	483万2千票 16.6%

民主党の候補者は、保守派の元下院議員ジョン・デイビスだったが、改革派は進歩党のロバート・ラフォレットを推したので、クーリッジの圧勝だった。

クーリッジはひどく寡黙でシンプルな人間だった。彼は人と食事をしてもほとんど何もしゃべらなかった。ただ、メディアの活用には巧みで、初めてラジオで演説した大統領である。任期中に529回の記者会見を開き、ホワイトハウスの庭で映画撮影に応じた。

小さな政府を信奉し、減税、財政削減、政府債務返済などを推進した。第一次世界大戦で増えた政府債務は、主にクーリッジ時代に償還が進み、1921年の260億ドルから1930年には160億ドルまで減った。

このため、レーガン時代に再評価された。ただしレーガンと異なるのは、クーリッジの場合は、減税しつつも、高所得者ほど税負担が重くなる累進性を巧みに強めた点であった。勤労所得を投資収益などの不労所得より優遇し、後者に高い税率をかけた。

また、農業もビジネスととらえ、農業保護の政府支援策に2度も拒否権を行使した。恐慌の責任を問われるべきかは難しいところであるのは、第一章でも書いた通りだ。

2期目の副大統領だったドーズはオハイオ州出身の弁護士、銀行家で、ドイツの経済を回復し安定させる計画（ドーズ案）を立てて1925年にノーベル平和賞を受賞した。

グレイス夫人は政治にはまったく興味がなかったが、政治家の妻としての役割をいかにも愉しげにつとめ、姿を見せるだけで雰囲気が明るくなるようなキャラクターで大変人気が高かった。ボストン・レッドソックスの大ファンで野球観戦を何よりの楽しみにしていたというのも微笑ましい。ちなみに、クーリッジがマサチューセッツ州知事時代には、ベーブ・ルースもレッドソックスに在籍していたのである。

Herbert Hoover

第31代

ハーバート・フーバー（共和党）

世界大恐慌を甘く見て大失敗

1874年8月10日生～1964年10月20日没（90歳）。アイオワ州出身。スタンフォード大学卒業。
在任期間：1929年3月4日（54歳）～1933年3月4日

どんな人？：商務長官として手腕を評価されるが、世界大恐慌になっても無策に終始し、放っておいても景気は回復すると呑《のん》気《き》に構えていたが、選挙がやってきてしまった。

評価

E

初めてのテクノクラート的大統領だったが

バブル経済の絶頂期においても、堅固に理知的な人間であれば、歴史が繰り返し教えてくれるように、その幸福の泡沫がいつかは破裂することが分かっている。だが、そんなときに必ずいるのが「古典的な経済原理は新しい時代の経済には当てはまらない。好景気は

1928年大統領選挙

大統領	副大統領	党	獲得選挙人数	票数・得票率
ハーバート・フーバー	チャールズ・カーティス	共和	444人	2142万7千票 58.2%
アルフレッド・スミス	ジョセフ・ロビンソン	民主	87人	1501万5千票 40.8%

いつまでも続くのだ」というペテン師エコノミストであり、多くの人はそれを信じるのだ。

世界大恐慌のときの大統領として不本意な名の残し方をしたフーバーは、アイオワ州でクエーカー信者の一家に生まれ、のちにオレゴン州で育った。スタンフォード大学で地質学などを学び、オーストラリアや中国で鉱山開発の仕事をし、実業界で活躍した。

第一次世界大戦中は、在欧アメリカ人の本国帰還を指揮し、次いで食糧庁長官として辣腕《らつわん》をふるい、ハーディングとクーリッジの下で商務長官として好況を演出した。

民主党では勝ち目がないと見て有力者が尻込みするなかで、ニューヨーク州知事アルフレッド・スミスが指名を受けた。スミスはカトリック教徒であったので、ローマ法皇の影響力が及ぶのではないかと真剣に議論され、また、禁酒法に反対ではと疑われ支持が広がらなかった。

この選挙からラジオの宣伝や音声つきニュース映画が導入され、選挙方法に革新をもたらしたが、フーバーは「アメリカは、貧困に対する最終的な勝利を得ようとしている」「どの鍋にも鶏一羽を、どのガレージにも車二台を」という分かりやすいスローガンで圧勝した。

世界大恐慌に対してフーバーは、民間の自助努力と政府による経済規制で乗り越えようとした。もともとフーバーは経済の自由放任に反対の立場で、民間と政府の協力こそ、長期の経済成長をもたらすと考えていた。大統領としては保護関税の導入や農業の保護政策などを行った。医療や刑務所などの政府部門も拡張し、司法省と歳入庁を動かして富裕層の節税の抜け穴をふさいで歳入増を図り、ギャングの脱税を追及して、アル・カポネを起訴に持ち込んだ。

しかし、規制が強すぎると個人の自由と自助努力を阻害すると恐れたため、大恐慌という非常事態に必要な対策が後手に回った。フーバーは手をこまねいていたわけではなかったものの、財政収支を悪化させないことに気を取られて、必要な財政出動ができず、不況を悪化させた。

また、金融制度の回復のためには、弱小の銀行を倒産させて金融業界の効率をあげる方がよいと判断し、必要な通貨供給を怠ったため、信用恐慌を招いた。導入した高関税は、アメリカ国内市場を保護する目的だったが、各国の報復関税を招いた。このため貿易が縮小し、恐慌がさらに悪化してアメリカ経済自身の首を絞める結果となった。

さらに、恐慌対策の財源確保のために、任期終盤には大規模な増税をするという大失策も犯した。ホームレスが増え、全米各地に出現したテント村は「フーバービル」などと呼ばれた。経済状況は彼の目論見のようには自律改善せず、任期中に悪化の一途をたどり、再選の可能性はなくなった。

フーバーは退任後、訪欧してヒトラーと会談し、親独的な外交政策を提唱して面目を失ったが、戦後は復興や行政改革についてのご意見番として重きをなして、尊敬を取り戻すことができた。日本の食糧事情救援のためのガリオア資金の導入も彼の提唱だ（その一環として提供された脱脂粉乳のまずさは戦後世代にとっては悪夢だが）。

副大統領のチャールズ・カーティスは、インディアンの先祖を持つ人物で、カンザス州選出の下院議員となり、その後、上院議員を務めていた。

夫人のルー・ヘンリーはスタンフォード大学で地質学専攻の学生時代に2年先輩のフーバーと出会い、まもなく婚約した。クリントン夫妻の19世紀版のようだが、実際、ルーはヒラリーに引けを取らない有能かつ義務感の強い女性だった。ただし「大学では地質学を専攻したが、その後はずっとハーバート・フーバーを専攻してきた」と自ら語るように、自分の能力を夫を助けるためだけに使ったという点が決定的にヒラリー・クリントンと異なる。

第32代

フランクリン・ルーズベルト（民主党）

ニューディールと第二次世界大戦に安定した手腕を示す

1882年1月30日生〜1945年4月12日没（63歳）。ニューヨーク州出身。ハーバード大学卒業。コロンビア大学ロースクール中退。
在任期間：1933年3月4日（51歳）〜1945年4月12日（在任中に死去）

どんな人？：ケインズ的政策で世界大恐慌から脱出し、戦争でも指導力を発揮して勝利に導く。人事の巧みさも成功の秘訣だった。ヤルタ会談では病気で切れを欠き、ソ連を利する。

評価

A

小児マヒで車椅子生活

歴代大統領のランキングでは、ワシントンとリンカーンを別にすると、ジェファーソンと並んでほぼ安定してベスト4に入っているのがフランクリン・ルーズベルトである。

だが、ほかの3人の功績がいずれも「この人なくしては」と分かりやすいのに対して、フランクリン・ルーズベルトの場合は、そういうものがない。世界恐慌に対してフーバーは見当外れの対策に終始したが、世界の他の国では、我が日本の高橋是清《これきよ》がルーズベルトが大統領になる1年半前からケインジアン政策を展開していたほか、ヒトラーやムッソリーニからスターリンまで含めてよく似た処方箋を採用した。戦争についても、第一次世界大戦の反省もあるのだから、参戦は不可避だった。

4選までされて歴史上も最長の任期となったのも確かだが、最初は誰が候補でも民主党が勝てただろうし、3回目と4回目は戦争中で、しかもアメリカは勝利を重ねていたのだから、大統領が自分で続投を望むのなら勝利は容易だった。

このように、はたして彼が例外的なほど偉大な大統領だったといえるのかには少し躊躇《ちゅうちょ》するのだが、それでも、安定した強さを見せた横綱的な大統領だったことは間違いない。

ルーズベルト家については、セオドア・ルーズベルトのところで紹介したように、ニューヨークのオランダ系名門であり、母はやはりフランス系ユグノーを先祖に持つ名門デラノ家の出身である。父が年配になってからの子供であることもあって、小学校などには行かずに家庭教師に教えられ、14歳になって初めてグロトン校という寄宿制の学校に入った。

1932年大統領選挙

大統領	副大統領	党	獲得選挙人数	票数・得票率
フランクリン・ルーズベルト	ジョン・ガーナー	民主	472人	2282万1千票 57.4%
ハーバート・フーバー	チャールズ・カーティス	共和	59人	1576万1千票 39.7%

弁護士を少しつとめたが、まもなく、州議会議員、ついで海軍次官となった。1920年の大統領選挙で副大統領候補になったが、このあたりは、遠縁にあたるセオドア・ルーズベルトがつくってくれたブランド・イメージがものを言ってのものだ。

この後、ルーズベルトは小児マヒにかかり車椅子生活となるが、エレノア夫人の励ましもあって、大統領候補アルフレッド・スミスの後任としてニューヨーク州知事になった。

指名レースでのライバルはアルフレッド・スミスだったが、彼はカトリック教徒であることが前回の敗因であったし、それは解決不能の弱みだった。日本人にはピンと来ないが、欧米では1960年代あたりまではカトリックとプロテスタントの結婚も非常に難しかったほどなのだ。

それでも、3分の2の選挙人を押さえるのは容易でなかったが、ルーズベルト陣営は新聞王ハーストと組んで、南部出身の対立候補ガーナーを副大統領候補に迎えるという案を報道させ、取引を成立させた。

この段になっても、フーバーは、そろそろ景気が回復局面に入るのではないかと信じ込み、十分な対策を打たなかったのだが、待てど暮らせど奇跡は起こらず、投票日が近づいたころには勝敗の帰趨は明らかだった。

1936年大統領選挙

大統領	副大統領	党	獲得選挙人数	票数・得票率
フランクリン・ルーズベルト	ジョン・ガーナー	民主	523人	2775万3千票 60.8%
アルフレッド・ランドン	ウィリアム・ノックス	共和	8人	1668万2千票 36.5%

≫リベラル派の基礎を築く

こうして当選したルーズベルトが展開したのが、一連の「ニューディール政策」だった。就任時には失業率25パーセント、ホームレス200万人で、金融制度は麻痺し、1929年以来の物価下落は60パーセント、生産規模は半減するなど、アメリカ経済は史上最悪の状況だった。

ニューディール政策では、景気回復のために、最低価格の導入や競争制限、生産抑制などの通商規制、農産物の価格統制による農家への支援、労働組合の権限強化と労働者の賃金引き上げ、最低賃金の導

1940年大統領選挙

大 統 領	副大統領	党	獲得選挙人数	票数・得票率
フランクリン・ルーズベルト	ヘンリー・ウォレス	民 主	449人	2731万4千票 54.7%
ウィンデル・ウィルキー	チャールズ・マクナリー	共 和	82人	2234万8千票 44.8%

入、鉄道をはじめとする産業界への財政支援などを、最高裁の違憲判決に苦しみながら実行した。

また、アメリカ史上最大の公営企業「ＴＶＡ（テネシー渓谷公社）」を創設し、ダムや発電所の建設、農業改革などに連邦政府予算をつぎ込み、景気の浮揚をめざした。

ただし、積極財政は、１９３５年からで、これが功を奏して急速な回復を示し、工業生産高では１９３７年に大恐慌前の水準を回復した。

しかし財源不足から連邦支出の削減を行い、金融政策でもＦＲＢが準備率を2倍に引き上げるなど、性急な引き締めに転換したことで、翌１９３８年にはＧＤＰが3％のマイナス成長となり、14％まで下がっていた失業率が再び19％に跳ね上がるなど、景気は腰折れ状態に陥ってしまった。その意味では本当の経済再建は戦争経済によってなされたものとする見方もある。

ニューディール政策の仕上げともいえる金融制度の改革では、銀行

1944年大統領選挙

大統領	副大統領	党	獲得選挙人数	票数・得票率
フランクリン・ルーズベルト	ハリー・トルーマン	民主	432人	2561万3千票 53.4%
トーマス・デューイ	ジョン・ブリッカー	共和	99人	2201万8千票 45.9%

と証券を分離し、SEC（証券取引委員会）を創設した。このとき、業界の裏事情に精通しているジョゼフ・ケネディ（ジョン・ケネディ大統領の父）を委員長に据えて世間を驚愕《きょうがく》させたが、人事の大胆さと巧みさは際だっていた。

第二次世界大戦では、連合国に武器供与と財政支援を行い、国内では価格統制と配給の制度を創設し、戦時景気と徴兵で、大恐慌時代以来の大量失業も1940年代には解消した。ケインズ的な政策展開がそれなりの成果を出したが、それに限界が見えたところで、戦争がすべてを解決したというのが本当のところだろう。

こうして、アメリカ政治に「大きな政府」の発想を持ち込み、社会保障制度も導入し、労働組合や農家、貧困層、マイノリティ、知識層を民主党の支持基盤とすることで、政治勢力としてのリベラルの礎《いしずえ》を築く優れた政治力を見せた。

この間に、連邦最高裁の判事入れ替えを図り、9人も新たに任命した。これは初代大統領だったワシントンの11人に次いで2番目に多く、1941年には9人の判事のうち8人がルーズベルトの任命だった。

≫共産主義の台頭を許した責任をどう見るか

第二次世界大戦では、第一次世界大戦の時と違って、参戦することの可能性は早くから意識されていたが、日本による真珠湾攻撃を口実に開戦に踏み切った。1940年の大統領選挙で、共和党が比較的に戦争参加への反対の度合いが少ない候補者を立てたとか、アメリカ人を母に持つチャーチルがイギリスの首相だったことも早期の参戦を後押しした。

だが、ルーズベルトの外交をどう評価するかのポイントは、枢軸《すうじく》側に厳しく、ソ連や中国に肩入れしたことが正しかったのかどうかであろうが、このことは、コラム（242ページ）で論じる。

ルーズベルトは4回にわたって大統領選挙を戦ったが、2回目以降の経緯は以下の通りである。第2回の選挙では、共和党はランドンという保守派の候補を立てたが、北東部の2州を除いてルーズベルトが取って記録的な大勝利となった。

第3回は実業家で雄弁なウィルキーというそれまでの大統領候補とは違ったイメージのユニークな挑戦者が現れたが、あまり政策に違いはなく、ルーズベルトが勝利した。ただ、この戦いで共和党に復調の兆しが見られたし、ルーズベルトは戦争を始める気がないことを公約して、これがのちに外交面の手を縛った。

第4回はマフィア退治で名をあげたデューイが善戦するかに見えたが、パリ解放など勝利のニュースが飛び込んでくるなかでの選挙戦だったので、現職の強みを見せた。

ルーズベルトは母方の旧姓であるデラノをミドル・ネームにして、FDRと略称されることが多い。10セント硬貨に肖像が使われている。

副大統領は、初めの2期を務めたテキサス州出身のガーナーが第3回目には候補者として対抗する構えを見せたので、第3期目には農務長官だった急進派でアイオワ州出身のウォレスがつとめた。だが、あまりにも急進的すぎるとして4期目には党内の支持が集まらず、ミズーリ州選出上院議員のトルーマンが選ばれた。

86歳で亡くなるまで家長として君臨した母親サラと、エレノア夫人の争いは「サラは憤慨のため身体硬直し、エレノアは本箱で母親宅との通路を塞ぐ」ほど壮絶だった。フランクリンとエレノアの秘書の浮気発覚後は、離婚する代わりに「相互利益の共同事業」として夫婦を続けた。

夫の死後も国連代表として「世界人権宣言」採択に大きな役割を果たすなど「偉大なフ

アーストレディー」としての名声は高いが、強力過ぎるバイタリティーは彼女の子供時代のコンプレックスや家庭生活での欲求不満からの心理的自己防衛に起因するように思われ、むしろ痛々しい。

Harry Truman

第33代

ハリー・トルーマン（民主党）

核兵器を使用した極悪非道の冷血漢

評価

D

1884年5月8日生〜1972年12月26日没（88歳）。ミズーリ州出身。高校卒。

在任期間：1945年4月12日（60歳）〜1953年1月20日

どんな人?：マーシャル・プランや日本の復興策などは評価できるが、核兵器の使用はいかなる意味においても容認できない。アメリカ人の評価が高いのは納得できないことだ。

≫歴史法廷から有罪判決を

終戦から50年目にあたる1995年、ワシントンDCにあるスミソニアン航空宇宙博物館は、原爆投下を歴史的な立場から考察しようと「エノラ・ゲイ50周年記念特別展」を企画した。だが、退役軍人協会などの猛反発を受け、展示内容は骨抜きにされ、博物館の館長は辞任した。

原爆投下については、アメリカではいまだに、トルーマンによる「アメリカ兵100万人の命を救った」といった肯定的な評価が主流なのである。だが、核兵器使用にかかる国際法上の合法性についての評価論議を脇に置いたとしても、広島や長崎での使用について肯定的に見るべき理由を見いだすことは難しい。

少なくとも使用を予告すべきだったし、威力を見せて戦意を削《そ》ぎたいのなら、より軍事的色彩が強く人口の少ない地域への投下で十分だった。トルーマン自身、3発目の投下は躊躇《ちゅうちょ》したし、朝鮮戦争でマッカーサーが提案した原爆の使用を却下したのは、広島・長崎への投下について内心は反省するところがあったからなのだろう。

当初、投下目標の第一候補はもっとも効果的な破壊を実現できる地形とされた京都だったが、文化財破壊を心配したスティムソン陸軍長官の反対で変更された。原爆投下が戦争を終わらせるためではなく、その威力を世界に見せつけることや、人体実験としての性格が濃厚だったことを示す。

また、アメリカ兵の命を救うためという理屈は、日本がアメリカを攻撃して被害が出るのを防ぐというときにならともかく、相手の領土を攻めるときには使うべき理由ではない。それなら無条件降伏などといわずに和平交渉に入ればいいだけだ。アメリカ人が歴代大統領への評価のなかでトルーマンに対して高得点を与えていることを容認するのは、世界の政治家がいつか同じような罪を犯すことを誘発しかねないものなのだ。

大学を出ていない最後の大統領

トルーマンは正規の大学教育を受けていない最後の大統領である。衣料品店を経営したり、郡判事をつとめたのちに連邦上院議員となり、地域間の妥協の結果、副大統領候補となった。もともとルーズベルトの信頼があったわけでもなかったので、戦時の大統領として十分に準備ができていたわけではない。

戦争終結とその後のアメリカの外交については、コラム（242ページ）で書いたが、東西冷戦という結果は結果論としても誉められたものでない。

トルーマンにとって、第二次世界大戦後のアメリカ経済再建は骨の折れる仕事であった。議会の共和党に押されて物価統制の撤廃を飲み、労働組合権限を縮小するタフト＝ハートレー法案では拒否権行使を議会に覆された。

物資窮乏、数々のスト、インフレにも見舞われ、1946年春の鉄道ストでは1カ月に

1948年大統領選挙

大統領	副大統領	党	獲得選挙人数	票数・得票率
ハリー・トルーマン	アルバン・バークリー	民主	303人	2417万9千票 49.6%
トーマス・デューイ	アール・ウォーレン	共和	189人	2199万1千票 45.1%

わたって全米の交通が止まった。鉄道労働組合が妥結案を拒否した際に、トルーマンは鉄道産業の経営権を握ると声明を出し、ストを続ける労働者を軍に徴兵するとまで脅したが、これが功を奏したか、議会演説の最中に彼の妥結案でストが終結したとの知らせを受けた。

アドリブでこのニュースを演説で披露したトルーマンは大喝采を受け、それがラジオを通じて繰り返し放送された。

トルーマンは自身をルーズベルトのニューディール政策の継承者と見なし、国民健康保険の創設、タフト＝ハーレー法の撤廃、市民権の拡充を提唱した。これらは「フェアディール政策」と呼ばれるようになったが、実現した計画は数少ない。

世界全体の仕組みとして、経済においてはブレトン・ウッズ体制が、アメリカの圧倒的な産業の競争力や金準備を前提に打ち立てられた。それはしばらく円滑に動いたが、永続的な力を持ち得ないものであるのは明らかであった。また、冷戦のなかで創設されたのがＣＩＡである。

１９４８年の大統領選挙のとき、戦争終結に伴って経済の状況はよいわけではなく不利であるとされた。しかも、民主党は革新派のウォレス元副大統領と人種差別政策の維持を唱えるサーモンド（州権党《ディクシークラット》）の立候補で分裂していたので絶望的な状況だった。だが、共和党が前回同様に立てたデューイ候補は、あまりにも消極的な戦いに終始したので、トルーマンは予想外の逆転勝利を収め、これは伝説となった。それでも、朝鮮戦争末期に記録した支持率は、２００８年６月にブッシュに抜かれるまで、歴代で最低だった。

２期目の副大統領は、ケンタッキー州選出の下院および上院議員だったバークリーであった。彼は退任後に上院議員に戻った。

夫人のエリザベス・ウォレスとトルーマンは幼馴染で、高校卒業まで同級生だった。目立つことを嫌い、一人娘のマーガレットも含め「三銃士」と呼ばれるほど家族の結束が固かった。マーガレットはミステリー作家だが、大統領の家族をテーマにしたノンフィクションで、エレノア・ルーズベルトがよほど鬱陶《うっとう》しかったのか、その「悪妻ぶり」をこと細かに描いている。

Dwight Eisenhower

第34代

ドワイト・アイゼンハワー（共和党）

よい時代を無為に過ごしてアメリカの時代を終わらせる

評価

D

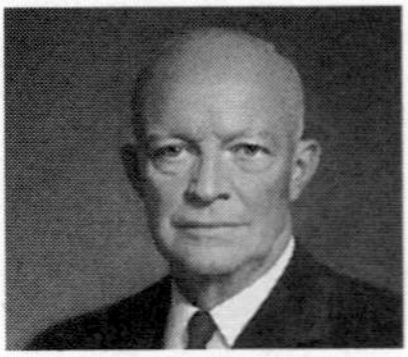

1890年10月14日生〜1969年3月28日没（78歳）。テキサス州出身。ウエストポイント陸軍士官学校卒業。
在任期間：1953年1月20日（62歳）〜1961年1月20日

どんな人？：人格者であり識見にも優れ、「軍産複合体」へ警告を発する。だが、植民地独立への後ろ向きの対応や、独裁政権への肩入れが目立ち、ソ連の勢力が急拡大した。

≫選挙で投票したことがなかったノンポリ大統領

「軍産複合体《ミリタリー・インダストリアル・コンプレックス》の経済的、政治的、そして精神的な影響力は、すべての政府機関に浸透している。軍産複合体が、不当な影響力を獲得し、それを行使することに対して、政府も議会も用心をしなければならない」という告別演説をしたのは、第二次世界大

1952年大統領選挙

大統領	副大統領	党	獲得選挙人数	票数・得票率
ドワイト・アイゼンハワー	リチャード・ニクソン	共和	422人	3407万6千票 55.2%
アドレー・スティーブンソン	ジョン・スパークマン	民主	89人	2737万5千票 44.3%

戦の英雄として大統領となったアイゼンハワー将軍である。

アイゼンハワーは戦前と違って平時から準備を怠らない軍事産業の存在が不可欠になっている現状を認めつつも、それがいかに危険なものであるかについて注意を喚起したのである。

アイゼンハワーはテキサス州に生まれカンザス州で育ったが、その先祖は名前から明らかなようにドイツ人である。ただし、19世紀の移民でなく、17世紀にペンシルバニアにやってきた家系である。

あまり豊かでない農家の出身で、ウエストポイントの陸軍士官学校で学び、第二次世界大戦中にその優れた管理能力と外交センスが注目され、ヨーロッパ戦線で活躍した。とくにノルマンディー上陸作戦を成功させて一躍有名人となり「アイク」の愛称で親しまれ、戦後はNATO軍司令官をつとめた。

政治には関心が薄く、選挙で投票をしたことは1度もなかったといわれ、コロンビア大学学長となっていたとき、民主・共和両党から誘いがあり、「政権交代はあったほうがよい」という理由で共和党を選んだ。共和党ではタフト大統領の子であるロバート・タフトが有力だったが、保守主義、孤立主義に過ぎて支持が広まりそうもなかったので、共和党は喜んで彼に乗った。

民主党ではマフィア退治で名をあげたエステス・キーフォーバーが一番手だったが、マフィアとの癒着が激しかった民主党の一部が阻止に動いたともいわれる。

なにしろ、イタリアではムッソリーニがマフィアを壊滅に追い込みつつあったのだが、ニューヨークのマフィアの橋渡しで彼らの協力のもとにアメリカ軍のシチリア上陸作戦は行われ、それ以来、イタリアはマフィアの影響を排除できずにいるというほどだ。映画『ゴッド・ファーザー』の世界だ。

そこで登場したのが、クリーブランド大統領時代の副大統領の孫でイリノイ州知事だったアドレー・スティーブンソンだった。完璧なインテリで演説の名手だったが、「エッグ・ヘッド」（禿で額が広い）を馬鹿にされ勝負の帰趨は明らかだった。

≫プレスリーは繁栄のなかの不満を象徴

アイゼンハワーは中庸を得た常識人だったが、すべてに傍観者的であった。GM社長のウィルソンが国防長官となるなど閣僚に企業人などがつき、「8人の百万長者と1人の

1956年大統領選挙

大統領	副大統領	党	獲得選挙人数	票数・得票率
ドワイト・アイゼンハワー	リチャード・ニクソン	共和	457人	3557万9千票 57.4%
アドレー・スティーブンソン	エステス・キーフォーバー	民主	73人	2602万8千票 42.0%

配管工《プランマー》（労組出身者）」と揶揄《やゆ》された。財務長官のジョージ・ハンフリーは、小さな政府をめざし、大企業中心に減税もする一方で、福祉予算や海外援助額を制限しようとした。しかし戦後の経済成長の時期に当たったことから税収が伸び、財政削減が思うようにいかなかったことから、結果的にルーズベルト以来の路線が維持され、多くの施策が新しくできた厚生教育福祉省のもとで展開された。

アイゼンハワーの数少ない遺産として、全米を結ぶ高速道路網の整備がある。冷戦のさなか、大都市を結ぶ高速道路網は住民の避難路と軍の進入路を確保するうえで不可欠と、ヨーロッパ戦線での経験をもとに主張したことによるものだった。

外交では、朝鮮戦争をなんとか停戦に持ち込み、スターリンの死やハンガリー動乱はあったが、ヨーロッパは一応安定した。だが、アジアやアフリカでは植民地が独立を始め、それをソ連が支援した。スエズ動乱ではエジプトに理解を示して英仏を抑えたが、イランの革命政権を倒し、キューバや韓国など各国で怪しげな独裁政権を支援した。

このために新しい独立国など開発途上国の多くは、中立といっても東側陣営を味方だと感じるようになった。ソ連はスプートニクを成功させて宇宙開発競争でも優位に立ち、いずれ世界が社会主義化する可能性の拡大を感じさせた。

赤狩り《レッド・パージ》については、近年の情報公開によって、無実にもかかわらず処刑されたとされてきたローゼンバーグ夫妻なども含め、共産主義勢力の浸透やスパイ行為が想像以上に広がっていたことが立証され、一時に比べると否定的な評価は薄れている。といっても、行き過ぎがあったことは事実で、政権が積極的に阻止しなかった責めは問われる。

この時代、アメリカ人は戦前のような楽しい生活と人生を楽しめた。電化製品の普及が進み、彼らの生活は世界の憧れの的となった。フルシチョフが「資本主義の奴隷たちもなかなかいい生活をしている」と言ったのはこのころである。こうした雰囲気のなかで、2回目の選挙も、同じ相手をしごく楽に破ってアイゼンハワーは再選された。

だが、不満の芽は育っていった。エルビス・プレスリーの音楽はそうした苛立ちの生んだものである。また、人種差別の撤廃に向けての動きが始まった。

とくに第二次世界大戦での黒人兵の貢献もひとつのきっかけとなり、1896年の「分離しても平等《セパレイト・バット・イコール》」なら良いという判決が1954年に覆され、公立学校における

「人種差別的分離《セグリゲーション》」が違憲とされた。1955年にはアラバマ州で差別バス・ボイコット事件があったが、政権の動きは緩慢だった。

総じて、アイゼンハワーは善意の人であるし、バランス感覚もあった。ただ、すべてにわたって穏健だが、中途半端だった。その在任中にアメリカ人に失望を味わわせたわけでないが、国家であろうが企業であろうが、もっともよく余裕のある時代に次の時代への投資がなされるべきであり、それをしなかったことは厳しく責められるべきであろう。

副大統領には保守派の若手で、のちに大統領となるニクソンが起用された。

夫人のメイミー・ダウドはアイオワで生まれ、父の引退後、家族でデンバーに移った。冬にテキサスの避寒用屋敷で過ごしているときに、サム・ヒューストン砦に赴任していたアイゼンハワーと出会い結婚した。職業軍人の妻としての40年近い経験から、組織の中での生活管理や適応力が鍛えられ、ホワイトハウス入りした日からスタッフに指揮権発動したという。しかし政治には興味がなく「アイクはオフィス、私は家の中」と19世紀生まれらしい女性観を語っている。前髪をおろしたヘアスタイルや若々しさにこだわったメイミー・ファッションは、浮気をした夫の関心を取り戻したいという努力から生まれたと言われる。

コラム⑥

共産主義との戦いで失敗を繰り返した大統領たち

第二次世界大戦から現在までの大統領たちの通信簿をつけるについては、ファシズムと共産主義という2つの脅威に適切に対処したのかどうかを検証しなくてはならない。アメリカは、日独伊との闘いを優先して、息の根を止めることに成功したが、その代償として共産主義の拡大を許し、一応の克服までに半世紀を費やした。はたしてこれは正しい判断だったのだろうか。

ナチス・ドイツが許すべからざる存在だったことは間違いないが、無条件降伏にこだわらなければ、東欧をソ連の支配下に置かずに済んだかもしれない。

アジアでは日本に極端に厳しく、蔣介石に対して一方的な肩入れをしたことは、ルーズベルト自身が母親の実家の仕事から中国に親近感を持っていたこととか、英語が堪能な宋美齢夫人の工作の成功などが理由であり、日本を不必要に枢軸側へ追いやった。しかも、日本を無条件で撤収させたことは、満州などを含む中国を腐敗し不安定な国民政府に委ね、朝鮮半島は分裂させて李承晩や金日成のようなアメリカにとっても利益にならない指導者のもとに置くことになった。

もし、ハル・ノートがもう少しでも穏健であれば真珠湾攻撃はなく、トルーマンが国体護持について分かりやすいメッセージを日本に与えておれば日本の降伏は原爆など落とさなくとも何カ月か早く行われただろう。そうすれば、日本の植民地や占領地域の統治機構を破壊せずに漸進的に能力の高い自治政府を育てて移管することも可能だったし、ソ連の参戦も中華人民共和国の成立も朝鮮戦争もなかったことは間違いない。

そうした意味で、ルーズベルトやトルーマンのとった、ソ連や中国を全面的に支援する一方、日独伊3国のいずれもが無条件に降伏するまで戦うという方針は、唯一の選択肢ではなかったのみならず、ひどくバランスを失したものだった。その結果が共産主義陣営の世界制覇の可能性まで生じさせ、アメリカにとっても薄氷を踏むような東西冷戦だったことを見れば、ルーズベルトたちの外交は、日本にとって過酷だったというだけでなく、アメリカ自身にとっても賢明だったとは思えないのだ。

一方、東西冷戦の終結についても、レーガンの強硬策の成果と見ることにも私は否定的である。1960年ごろまで共産主義は、軍事力の向上や飢えの克服といった限定された目標に資源を集中投下して、かなり高い成果をあげ、ソ連はアメリカと肩を並べる強国に発展し、中国も貧しいながらも清朝末以来の安定を獲得していた。だが、国難が一段落した以上は市場システムを併用して、より広範な分野での向上をめざすべきだったのである。

フルシチョフや劉少奇の路線はその必要に沿うものだったが、守旧派の反対で阻まれ、1980年代には、その内部矛盾は極大化していたのである。そのコンテキストのなかで、ソ連ではゴルバチョフのグラスノスチとペレストロイカ、中国では鄧小平の改革開放路線が開始された。そして、中国共産党は一党支配の手綱を放さないまま改革に成功し、ソ連では失敗して体制が崩壊したが、いずれもレーガンの外交の結果ではなく内部的な必然に起因するものだった。

レーガノミックスについてもその功績を過大評価すべきでない。そもそも、「大きな政府」による福祉国家の建設は、20世紀の初めから、マスプロ生産された商品やサービスの市場を育て、また、広範な国民を戦争に参加させるために進んできたものである。順調な経済発展が社会問題の顕在化を防いでいたアメリカではそうした動きは遅かったものの、ニューディール以降はリベラルな経済政策がとられた。

だが、どこの国でも福祉路線の行き過ぎで財政は破綻し、国民の勤労意欲や企業の活力は弱体化した。それを受けて、いったん少し乱暴でも大掃除をせざるを得ない状況が生じてレーガンやサッチャーが登場し、行き過ぎの是正とショック療法によって、勤労意欲や自立心の向上にある程度の成功を収めた。だが、こんどは逆の行き過ぎが生じ、さらに折からのグローバリゼーションの影響もあって、市場に対する適切なコントロールをしなかった、あるいはできなかったのが、格差社会の進行や2008年の金融危機の原因である。

その結果、中国のように社会主義の枠組みを残している国の経済が相対的に優等生であるという皮肉な結果を見せたのが、2008年の現実なのである。（八幡和郎）

第七章

悩める大国とグローバリズム

ケネディからG・W・ブッシュ

◆冷戦終結とグローバリズムの時代

ジョン・ケネディ(John Kennedy)　1961/01/20-1963/11/22

キューバ危機(1961)部分的核実験停止条約締結(63)

リンドン・ジョンソン(Lyndon Johnson)　1963/11/22-1969/01/20

公民権法(64)ベトナム反戦運動全盛。ECが発足(67)

リチャード・ニクソン(Richard Nixon)　1969/01/20-1974/08/09

月面着陸(69)中国訪問。ウォーターゲート事件(72)

ジェラルド・フォード(Gerald Ford)　1974/08/09-1977/01/20

日本訪問(74)先進国首脳会議(75)

ジミー・カーター(Jimmy Carter)　1977/01/20-1981/01/20

米中の国交正常化(79)イラン・イラク戦争が始まる(80〜88)

ロナルド・レーガン(Ronald Reagan)　1981/01/20-1989/01/20

ペレストロイカ開始(86)中距離核兵器全廃条約締結(87)

ジョージ・H・W・ブッシュ(George Herbert Walker Bush)
1989/01/20-1993/01/20

東欧諸国改革(89)東西ドイツ統一(90)湾岸戦争(91)ソ連崩壊(91)

ビル・クリントン(Bill Clinton)　1993/01/20-2001/01/20

EU発足。NAFTA発効(93)香港が中国に返還(97)

ジョージ・W・ブッシュ(George Walker Bush)　2001/01/20-2009/01/20

同時多発テロが起こる(2001)イラク戦争(03)

バラック・オバマ(Barack Obama)　2009/01/20-(2017/01/20)

プラハ非核演説(10)中国が世界二位の経済大国(11)ＩＳの脅威高まる(14)

John Kennedy

第35代

ジョン・ケネディ（民主党）

テレビ討論会で劣勢を逆転して当選

１９１７年5月29日生～１９６３年11月22日没（46歳）。マサチューセッツ州出身。ハーバード大学卒業。
在任期間：１９６１年1月20日（43歳）～１９６３年11月22日（在任中に暗殺）

評価

C

どんな人？：アメリカ史上最高の美男美女の大統領夫妻。理想を語って世界的な人気を博したが、実現はすべて暗殺後にジョンソン大統領によるもの。

≫カトリック教徒として初の大統領

アイルランド系市民がアメリカには４０００万人いるといわれる。本国の人口の10倍であり、アメリカ人の先祖としてはイングランド人、ドイツ人と並ぶ三大勢力のひとつである。

ケルト人最後の安住の地であったアイルランドは貧しい島であったが、新大陸からペルー原産のジャガイモが導入され、痩せた地でも栽培できることが分かって人口は爆発的に増えた。ところが1840年から根腐れ病《ルート・ロット》が蔓延し壊滅状態になった。そこで、アメリカに大量に移民した。

彼らはカトリックだったから団結力は強かったが、アメリカ社会では少数派として迫害された。戦前にアルフレッド・スミスがついに大統領になれなかったのも、カトリックだったがゆえであることは既に書いた。

ケネディの曾祖父も1848年にボストンに移民し、祖父は酒場の主人として成功してボストンの有力者になった。父のジョゼフは禁酒法下での密輸やインサイダー取引で財を成したともいわれるが、財界人としては珍しくフランクリン・ルーズベルトを支持して、SEC（証券取引委員会）委員長や駐英大使をつとめた。ただ、一貫して親ヒトラーの立場を取ったことから、それ以上の道は開けなかった。

その妻はボストン市長フィッツジェラルドの娘で、ジョン・ケネディの略称である「JFK」のFは母方の姓である。ケネディは祖父の政治的な基盤と父の知恵と財力によって演出されて、若くして下院議員となった。

1960年大統領選挙

大統領	副大統領	党	獲得選挙人数	票数・得票率
ジョン・ケネディ	リンドン・ジョンソン	民主	330人	3422万票 49.7%
リチャード・ニクソン	ヘンリー・ロッジ	共和	219人	3410万8千票 49.5%

1952年にはボストンの名門出身であるヘンリー・カボット・ロッジ（のちに駐南ベトナム大使などを歴任）を破って上院議員となり、一躍、全国的注目を集めた。また、政治的な不利を顧みずに正義のために戦った8人の上院議員の伝記を集めた『勇気の横顔』でピュリッツァー賞を獲得した。

1960年の選挙ではスティーブンソン、リベラルなハンフリー、南部出身のジョンソンなどと民主党で競合したが、ケネディは予備選挙で圧倒的優勢を示した。トルーマンらの幹部はカトリック教徒であることを憂慮したが、結局は指名を獲得した。

共和党は副大統領のニクソンがネルソン・ロックフェラーを退けて指名された。病気のアイゼンハワー大統領の代役を務めていた時期があることなどが決め手となった。

テレビでの討論会が行われ、議論としてはニクソンが優位だったが、ハンサムなうえにテレビ映りを意識したファッション、メイクを心がけたケネディに対してニクソンは見劣りした。またケネディが前日をオフとして休んで生き生きとしていたのに対して、ニクソンはキャンペーンに直前まで取り組み、疲労の色が濃く、これらが決め手となった。一般投票では僅差であったが、ケネディは大きな州を押さえて選挙人では大差だった。

≫西ベルリンでの名演説でヨーロッパでも人気

ケネディの外交で大きな事件となったのは、キューバ危機、ベルリン封鎖、ベトナム戦争である。カストロ政権を転覆させるためのビックス湾事件は大失敗だったが、ソ連のミサイル配備は強硬姿勢で阻止した。

ベトナムではマクナマラ国防長官らの進言によって、評判の悪い独裁者を排除して、あとはコンピューターが必要とはじき出しただけの物量をつぎ込めば勝てるという作戦を始めたが、「育ちが良くて頭のいい人たち《ベスト・アンド・ブライテスト》」の大失敗として語り継がれることになるこの戦争の責任を誰が負うべきかの議論は次のジョンソンの項に譲ろう。

西ベルリンの中立化要求と陸上封鎖を大空輸作戦で撤回させ、のちに西ベルリンを訪問したときの「私も1人のベルリン市民である《イッヒ・ビン・アイン・ベルリナー》」という名演説は歴史に残る。

これに限らず、ニューイングランド出身でカトリックでインテリである彼自身と、フランス系のジャクリーン夫人の組み合わせが、ヨーロッパ大陸の人々からも好ましい仲間として評価されたことの意味は大きく、ヨーロッパにおける自由主義の反攻のきっかけになったことは高く評価される。

「ニューフロンティア」とケネディ自身が呼んだ政策は、経済成長がもたらす税収増を教育や高齢者医療、不況対策などにつぎ込む計画であった。経済成長を持続させるため、減税を打ち出した税制改革など、公民権運動の高まりやキング牧師が活躍した時代にあって、ケネディが前向きの姿勢を示したことは評価されるし、「アポロ計画」は夢を与えた。

ケネディの経済政策は、「ケインズ革命の完成」とも言われる。アイゼンハワーのように、インフレを極度に恐れ、景気循環の波を小さくすることだけを狙った消極的な財政政策ではなく、雇用量や生産量の数量目標を設定し、「完全雇用財政均衡」という目標をかかげ、経済の潜在成長能力の実現を目的とした積極的な財政金融政策で、1960年代前半のアメリカ経済に着実な成長をもたらした。

だが、ケネディ発案の多くの重要法案が議会を通過したのは、暗殺後の1964年から65年であったし、人種問題についての前向きな姿勢は、アフリカなどで独立がブームとなるなかで、もし旧態然とした姿勢を続けていたら、世界は間違いなく社会主義に向かっていただろうから、ケネディでなくともこうした大転換に踏み切らざるを得なかったのではないか。ただ、格好よさが、内外への強いメッセージ発信を可能としたのは事実だ。

ダラスでの暗殺事件については、未だもって謎が多いというよりはよく分からない。「暗殺犯」が警官やマスコミの前で殺されたのだから、あらゆる疑いを持たれても当然だろう。

ニューヨークの上流階級出身でソルボンヌ大学の留学経験もあるジャクリーン・ブービエの「(政治家の妻としての)価値」を見抜き、JFKに結婚を勧めたのは、父親のジョセフ・ケネディだったと言われる。海外訪問で彼女が受ける賞賛は、王室を持たないアメリカ国民のプライドを大いに満足させた。また、再婚相手のオナシスの死亡後、出版社の編集顧問として活躍した彼女の存在感は格別なものだった。ロバート・ケネディの遺児をはじめ、とかく評判の悪い他の「ケネディ家の子どもたち」に比べ、ジャクリーンの子育ては堅実だったと評価されている。

長男のジョン・Jr.はブービエ家の美貌を受け継ぎ「アメリカのプリンス」と愛されたが、新婚のキャロリン夫人と共に飛行機事故で死亡し、ケネディ家の悲劇に新たなページを加えた。娘のキャロラインは2008年の大統領選挙でオバマ候補を積極的に支援して存在感を示した。2013年からは駐日大使を務めている。また弟のロバートが司法長官、エドワードが上院議員となるなど、「ケネディ王朝」と揶揄《やゆ》されることもしばしばだった。

Lyndon Johnson

第36代

リンドン・ジョンソン（民主党）

内政は満点、外交は零点の大きな落差

評価

C

1908年8月27日生～1973年1月22日没（64歳）。テキサス州出身。南西テキサス州教員養成大学（現テキサス州立大学）卒業。
在任期間：1963年11月22日（55歳）～1969年1月20日

どんな人？：ケネディの遺産である進歩主義的な政策を寝業師的な政治力で次々と実現。だが、ベトナム戦争の泥沼にはまりこんでアメリカの威信は地に墜ちた。

≫公民権法《シビル・ライツ・アクト》で南北戦争以来の宿題を解決

政治の世界には「寝業師」と呼ばれる人たちがいる。日本で言えば永田町の議員仲間での調整に長《た》けていて政局をつくったり、難しい法案を通すことに辣腕《らつわん》をふるうが、一般的なアピール力はもうひとつというタイプである。

戦後の日本でなら、大野伴睦《ばんぼく》などはその典型だったが、そういうタイプの人が総理をめざすと「肥《こえ》たごに金を張っても床の間には置けない」などと言われるのが落ちだった。日本でもそうなのだから、首相でなく大統領制をとるアメリカではなおさらだ。ジョンソンはまさにそういう経歴の人物で、副大統領からの昇格だからこそホワイトハウスの主人になれた人物である。

ジョンソンはテキサス州中部の農家に生まれ、学校の教師などをつとめたのち州議会議員となった。ワシントンで議員のスタッフとして働き、次いで下院議員となった。ニューディールの時代である。

戦後、上院議員となって、やがて院内総務《マジョリティー・リーダー》として辣腕をふるった。1960年の大統領選挙では有力候補の1人ではあったが、南部出身であることが不利に働いていた。なにしろ、南北戦争ののち南部出身者で大統領になったのは、ウィルソン1人だけであり、しかも、彼の活躍の場はニュージャージーだったのである。ジョンソンが副大統領でよしとしなければならなかったのは自明の理であった。

だが、大統領に就任すると、ケネディ大統領が悲運の死を遂げたあとだけに、故大統領の遺志を継ぐという看板を掲げつつ、もともと持っていた抜群の政治力を駆使して、本当なら難しい大改革が次々と実現してしまった。

とくに公民権法の成立について、マーティン・ルーサー・キング・Jr.などと協力する一方、保守派の議員を粘り強く説得して、1964年7月2日に署名し、アメリカ民主主義の喉元に刺さった針ともいうべき課題をついに解決することに成功したのである。これで、機会均等は確保されたとアメリカ人は世界で胸を張れるようになった。

≫コンピューターでは予測できなかったベトナム戦争

1962年に出版されたマイケル・ハリントンの『もう一つのアメリカ（ジ・アザー・アメリカ）』が、貧しい人々は「見えない国」に住んでいると描写したことが反響を呼び、「偉大な社会《グレート・ソサエティー》」を掲げたジョンソンは、高齢者医療制度（メディケア）が成立し、セイフティネットの拡充が始まったことで、1959年に39・9％あった高齢者の貧困率が2012年には9・9％まで下がるきっかけとなった。最低賃金も引き上げられ、実質賃金でピークに達したのは、ジョンソン政権下の1968年である。

このほか貧困層の医療、教育、空洞化する郊外の再開発を含む貧困対策に予算を投じた。とくに教育は、「偉大な社会」計画の最重点政策で、ジョンソン政権下で初めて、連

1964年大統領選挙

大統領	副大統領	党	獲得選挙人数	票数・得票率
リンドン・ジョンソン	ヒューバート・ハンフリー	民主	486人	4312万7千票 61.1%
バリー・ゴールドウォーター	ウィリアム・ミラー	共和	52人	2717万6千票 38.5%

邦政府から多額の予算が全米の公立校だけでなく私立校にも向けられ、貧困層の多い学区の学校が大きな恩恵を受けた。また、貧困家庭出身の大学生に対する奨学金や教育ローンも拡充した。こうした実績を前に、「フランクリン・ルーズベルト以来の偉大な大統領」という評価も確立し始めた。

一方、ベトナム戦争はワシントンの寝業師の手に余った。このころの国防長官はフォード社の社長からケネディに懇願されて転身したロバート・マクナマラだった。数値解析の手法を駆使した経営合理化でビジネスの世界での成功者となった彼は、兵器生産の低コスト化などの分野では素晴らしい成果をあげた。

だが、ベトナムのジャングルや民族主義の情念について、コンピューターは回答を出してくれなかったのである。いくら必要な資源を合理的に投入しても効果はなかった。その当時、フランスのド・ゴール大統領は南ベトナムの中立化を唱えていたが、あるとすればそうした柔軟な作戦か、それとも、果敢な短期決戦であって、中途半端な軍事行動は常に後手に回った。マクナマラやロバート・ケネディは北爆の停止などを遅まきながら主張し始めたが、まじめなジョンソンは君子豹変ができず、「蟻地獄」という言葉がぴったりの状況であった。

ジョンソンが、ゴルフはするがウィスキーをやめると言ったとき、あるジャーナリストは「スコットランド人は自分を慰めるためにウィスキーをつくり、苦しめるためにゴルフを始めたというのに、なんと馬鹿な選択だろう」と言ったものだ。

ジョンソンの最初の選挙はケネディ暗殺から1年しかたっていなかったし、対立候補だったアリゾナ州選出のバリー・ゴールドウォーター上院議員は、公民権法案への反対や核兵器使用の可能性への言及で進歩的マスコミから袋だたきにあい、勝負にならなかった。ただし、ゴールドウォーターはのちにレーガンの先駆者と見なされ名誉を回復したし、ジョン・マケインに地盤を譲り、その尊敬を勝ち得ている。

ジョンソンはケネディの任期を途中で受け継いだので3選は可能だったが、反旗を翻したロバート・ケネディがカリフォルニアの予備選での勝利の祝勝会で暗殺されたことで、イメージをそこねたジョンソンは引退を表明し、副大統領だったハンフリーが民主党候補となった。

ジョンソン夫人の本名はクローディアだが、テキサスの小さな町で生まれたとき、看護師が「てんとう虫《レディーバード》みたい！」と言ったことから、そうとしか呼ばれなくなった。テキサス大学でジャーナリズムの学士号を得た。副大統領夫人時代、気まぐれなケネディ夫人のドタキャンのたびに「ナンバーワン・ピンチヒッター」と言われた。景観の美化運動をライフワークとし、連邦ハイウェイの美化に関する法律は「レディーバード法」と呼ばれている。

Richard Nixon

第37代

リチャード・ニクソン（共和党）

稀代の現実主義政治家の光と闇

評価

C

1913年1月9日生～1994年4月22日没（81歳）。カリフォルニア州出身。ホイッティア大学卒業。デューク大学ロースクール卒業。

在任期間：1969年1月20日（56歳）～1974年8月9日（任期中に辞任）

どんな人？：電撃訪中やベトナム戦争終結など、キッシンジャーと組んでアメリカらしからぬ洗練された外交を展開。だが、ウォーターゲート事件で業績を台無しに。

≫ロックフェラーの外交顧問を譲り受ける

ヘンリー・キッシンジャーはニクソン大統領の特別補佐官として、ニクソンの訪中を演出した。これにより、中国は米ソ冷戦の枠組みから脱出することに成功し、日米安保体制は中国と敵対しないものとして位置づけが与えられた。

その後のアジア経済の発展ぶりにはめざましいものがあるが、その前提条件としてこの軍事・外交的安定が貢献したのは間違いのないことで、その意味では偉大な業績であるといえよう。

この立役者のキッシンジャーは、もともとは、1960年と68年の大統領選挙においてニクソンのライバルだったネルソン・ロックフェラー(元ニューヨーク州知事。のちに副大統領)の外交顧問だった。

ロックフェラーは、1960年代においてもっとも完成度の高い見識と政治力を持った政治家だったが、1960年には若すぎたし、68年はまだ離婚が政治家に許される時代でなかったので、大統領選挙への出馬のチャンスはめぐってこなかった。その代わり、ロックフェラーはニクソンに自分の外交顧問を使うように推薦したのである。

キッシンジャーはニクソンのことを軽蔑していたし、2人だけで食事をしたことはついぞなかったそうだ。だが、カリフォルニア人ニクソンの本能的な現実主義は、ユダヤ系ドイツ人でメッテルニッヒを尊敬するヨーロッパ的な知的現実派の顧問により普遍性を獲得し、このまことに奇妙なコンビはかつてない大きな外交的成功を収めることになった。

ただし、キッシンジャーは日本の頭越しにニクソン訪中を進め、その反動で田中角栄が

1968年大統領選挙

大統領	副大統領	党	獲得選挙人数	票数・得票率
リチャード・ニクソン	スピロ・アグニュー	共和	301人	3171万票 43.2%
ヒューバート・ハンフリー	エドマンド・アスキー	民主	191人	3089万8千票 42.0%
ジョージ・ウォレス	カーティス・ルメイ	アメリカ独立	46人	990万6千票 13.5%

アメリカとのすり合わせなしに日中国交回復を強行したことは、日米関係に悪影響を与えた。

ニクソンはカリフォルニア州でギリシャ系の父とドイツ系の母の間に生まれた。この母は彼をクエーカー教徒として育てた。戦争から帰ったあと、ニクソンはペプシ社の弁護士として外国での販路拡大に活躍して国際感覚を磨いた。そののち下院議員、上院議員を経て反共の闘士として売り出し、アイゼンハワー大統領の副大統領候補となった。

このときに政治資金を不法に大富豪のハワード・ヒューズから得たという疑惑をかけられたが、ラジオで身の潔白を訴え、最後に「〝チェッカーズ〟と名付けられたコッカースパニエル犬は支援者からいただいたが、それだけは返すつもりはない。なぜなら、娘がそれを愛しているから」という「チェッカーズ・スピーチ」は大反響を呼び、窮地を脱した。

1960年の大統領選挙でケネディに敗北したのち、カリフ

1972年大統領選挙

大統領	副大統領	党	獲得選挙人数	票数・得票率
リチャード・ニクソン	スピロ・アグニュー	共和	520人	4716万9千票 60.7%
ジョージ・マクガバン	サージェント・シュライバー	民主	17人	2917万3票 37.5%

ォルニア州知事選挙にも敗れて政治生命を絶たれたかに見えたが、地道な活動を続けて、外交上の困難が生じた1968年には復活を果たしたのである。

民主党はロバート・ケネディの暗殺とジョンソンの辞退により、ミネソタ州出身のハンフリー副大統領が指名を受けたが、もともとリベラル派だったはずがジョンソンの失敗の責任を共有させられ、人気が上がらなかった。さらに、人種差別主義者として知られるアラバマ州のウォレス元知事も立候補し健闘したが、ニクソンが逃げ切った。

ニクソン・ショックと沖縄返還

ニクソンの成果としては、訪中とともに、パリ和平協定をまとめ、ベトナムからの完全撤退に成功したことが特筆される。ソ連とは第一次戦略兵器制限交渉（SALTⅠ）の調印に成功し、日本には沖縄を返還した。沖縄返還のあり方については、さまざまな批判もあるが、ニクソンの現実主義的感覚や岸信介との個人的友情がなければ、返還は何年も先のことになった可能性が高い。

保守派と見なされるニクソンだが、財政に関しては、賃金物価統制を導入し、社会保障をインフレに連動させる制度にするなど、ケインズ主義寄りのリベラルな路線をとった。失業率が高かったので、景気刺激剤として400億ドル近い財政赤字を容認し、連邦政府職員の給料を大幅に引き上げた。また、実現はしなかったものの、最低賃金法と全国民加入の健康保険制度を創設する計画も持っていた。

「ニクソン・ショック」の名で知られるように、金本位制を最終的に葬ることとなった金ドル交換停止を行い、金価格の上昇とドルの下落を容認して、戦後の国際金融のブレトン・ウッズ体制が終焉《しゅうえん》を迎えた。アメリカ環境保護局（EPA）の設置や、アメリカ全土のハイウェイの最高速度制限の設定など、主に環境対策面で大きな功績を残していることも再評価すべきであろう。

また、人類が月面に降り立ったときの大統領としても歴史に名を残した。

1972年の選挙では、現職のニクソンはジョージ・マクガバンにマサチューセッツ州とワシントンDC以外で完勝した。マクガバンの主張はあまりにも極端にハト派的で現実性に乏しかったし、副大統領候補だったイーグルトンが鬱病の治療中であることが判明してシュライバーに差し替えたことも戦意を削《そ》いだ。

こうして絶好調だったニクソンだが、選挙戦中に民主党施設に盗聴器をしかけ、しかも、それが大統領に近い筋の指令によるというウォーターゲート事件で辞任に追い込まれた。

夫人のパット・ライアンは、カリフォルニア南部の野菜農家に生まれた。早くに両親を亡くし、苦学しながら南カリフォルニア大学の大学院で商品経済を専攻し、高校教師になった。明るく溌剌としていると評判の先生だったが、政治家の妻として過ごした厳しい日々のうちに次第に無表情になり、「ロボット・パット」と記事にされるほどだった。大統領辞任後も完全に引きこもって暮らした。アイゼンハワーの孫と結婚した次女のジュリーは母親の伝記を書くなどして、沈黙を守る母を擁護している。

第38代

ジェラルド・フォード（共和党）

選挙で選ばれなかった、ただ1人の大統領

評価

D

1913年7月14日生～2006年12月26日没（93歳）。ネブラスカ州出身。ミシガン大学卒業。イェール大学ロースクール卒業。

在任期間：1974年8月9日（61歳）～1977年1月20日

どんな人？：アグニュー失脚で議会の承認で副大統領となり、ニクソン辞任で大統領に。経済不況に苦しみ再選されなかったが、大統領職への信頼回復には成功。

≫日本を訪問した最初の現職大統領

ケネディ大統領が暗殺され、副大統領のジョンソン大統領が昇格したとき、もし、新大統領が欠けるようなことがあれば、下院議長が大統領となるという規定であることにアメリカ人は気づいた。しかしそのときの下院議長が高齢でもあったので、空席になった副大

統領は補充されるべきだということになり、1967年の憲法修正第25条が制定された。

ニクソンの副大統領はギリシャ系でメリーランド州知事だったアグニューだったが、知事時代の汚職で辞職したとき、この条項が適用されることになった。上下両院の了承が必要なので、ニクソンは下院院内総務として尊敬され、かつてプロフットボールからも誘われたという堂々とした容姿を持つジェラルド・フォードを選んだ。

フォードが大統領となったことにより、再び、同じ条項を発動することが必要となり、今度は、あのネルソン・ロックフェラーが選ばれた。

大統領就任の1カ月後、フォードはニクソンに全面的な恩赦を与えたのだが、この恩赦はニクソンを許すことだけでなく、永遠に謎としてしまうことを意味したので、2期目の1976年の選挙の敗北につながったと見られている。

第一次石油ショックに遭遇したフォード政権にとって、経済は大きな問題であった。当時の先進国は例外なく、インフレと不況に苦しんだ。フォードはインフレ退治には無策であったが、不況対策の減税は効果的であった。また緊縮財政のなか、全米をカバーする障害児のための特別教育制度を創設したことも、功績である。日本を初めて公式訪問した大統領でもある。

ミシガン州で生まれ育った夫人のベティ・ブルーマーは、10代でセールスマンの父を亡くし、モデルをして家計を助けながらカレッジでダンスを専攻し、著名なマーサ・グレアムのグループに在籍したキャリアを持っている。大統領夫人としては率直過ぎる発言がたびたび問題になった。自らのアルコールと薬物への依存を公表し、同じ問題を抱える人々のために活動する姿勢は高く評価されている。

Jimmy Carter

第39代

ジミー・カーター（民主党）

史上最高の元大統領としてノーベル平和賞

1924年10月1日生〜　ジョージア州出身。アナポリス海軍兵学校卒業。ジョージア工科大学等入学。
在任期間：1977年1月20日（52歳）〜1981年1月20日

どんな人？：ジョージアのピーナッツ農家のおじさんが大統領になって失敗の繰り返しだったが、元大統領になるや現役時代の反省を活かして大活躍。モスクワ五輪をボイコット。

評価

D

≫『風と共に去りぬ』とコカ・コーラのジョージア出身

「史上最高の元大統領」と揶揄《やゆ》されているのがこのカーターである。「国際紛争の平和的解決への努力を続け、民主主義と人権を発展させるとともに、経済・社会開発にも尽力した」として2002年にノーベル平和賞を受賞したが、現職時代の評価はきわめて低く、

1976年大統領選挙

大統領	副大統領	党	獲得選挙人数	票数・得票率
ジミー・カーター	ウォルター・モンデール	民主	297人	4082万6千票 50.1%
ジェラルド・フォード	ボブ・ドール	共和	240人	3914万8千票 48.0%

「最初から元大統領ならよかったのに」とまで言われている。

その経歴もピーナッツ栽培農園の経営者からジョージア州上院議員を経て州知事を2期（1971〜75年）つとめたというユニークなものだった。生まれはジョージア州プレーンズで、病院で生まれた最初の大統領だ。

ジョージアサウスウェスタン大学、ジョージア工科大学、海軍兵学校などで学び、理学の学士である。海軍で潜水艦に乗り、原子力潜水艦の開発推進プログラムにも携わったが、1953年に父親が死んだので故郷に戻り、事業で成功した。

カーターが民主党候補に選ばれたのは、ニクソンに代表されるワシントンの政治家たちへの嫌悪感がゆえだった。また、倫理が問われるなかで、このころからキリスト教の世界で福音主義者《エバンジェリカルズ》と呼ばれる原点回帰をめざすグループが力を増し、カーターがサザン・バプテストという派に属していたことが有利に働いた。

その一方で、カーターは『風と共に去りぬ』の舞台であり、

「深南部《ディープサウス》」ともいわれるジョージア州にありながら、キング牧師の肖像を州議会にかけて顕彰するなどユニバーサルな人道主義を掲げ、リベラルな人々にもそこそこ好感を持って迎えられた。

1976年の選挙戦ではフォード大統領が有利といわれたが、テレビ討論でのフォードの精彩のなさもあり、カーターが勝利した。フォードが中西部を独占したのに対して、カーターが南部で完勝し、東部でも優位に立つという地域色がきわめて強く出た結果だった。

カーターは議事堂で行われた就任式ののち、ホワイトハウスまで歩いてパレードし、好感を持って迎えられた。カーターは日本でも六本木の焼鳥屋で食事をしたことが話題になったが、そういう意味での好感度はトップクラスの大統領だった。

≫第二次オイルショックで不況下のインフレに

モスクワ五輪が開催されたのは、カーターが再選のための選挙戦を戦っているときだった。「人権外交《ヒューマン・ライツ・ディプロマシー》」の名のもとに対ソ連融和政策をとってSALTⅡ（第二次戦略兵器制限交渉）の締結などに成功したが、ソ連軍のアフガニスタン侵攻（1979年）で裏切られ、あせったカーターがとったのがオリンピック・ボイコットだった。ソ連にとって痛手だったのはいうまでもないが、諸外国からもいい受け取り方はされなかったし、4年後にはロサンゼルス五輪を東側諸国がボイコットした。

パナマへの運河地域の返還は中南米における反米感情を和らげたし、キャンプデービッドでイスラエルのベギン首相とエジプトのサダト大統領の会談を実現し、合意を締結させたことや、パレスチナ人国家建設を容認したことはアメリカの中東政策において珍しい成功例となった。だが、イラン革命やそれに続く大使館占拠事件、人質救出失敗は非難された。

デタントや人権重視のために、カーターは軍やCIAにメスを入れたが、その目的は正しいとしても、機能の低下を防ぐ措置が十分でなかったことのつけだとも非難された。中華人民共和国との国交樹立も1979年になされたが、安易な条件での国交樹立が台湾問題や人権問題についての切り札を失ったのではないかとの批判もあり、賛否両論である。

第二次オイルショック（1978〜79年）に見舞われたが、カーターはエネルギー省を設立し、国内の石油生産で価格管理を撤廃した。冷暖房の温度設定を導入し、彼自身、冬にはセーターを着たり、ホワイトハウスの屋根にソーラーパネルを付ける、クリスマスのイルミネーションを暗くするなど、分かりやすいといえば分かりやすい政策を展開した。

また「不安の演説《マレイズ・スピーチ》」と呼ばれることになったスピーチで、自動車で不必要な外出をしない、公共交通機関を使う、自動車に乗らない日を週に1日増やす、速度制限を守る、サーモスタットでガソリンを節約することなどを国民に呼びかけた。

カーターの任期中には、10パーセントを超えるインフレに不況が重なった。しかしインフレを退治するために金融を引き締めたので、金利は20パーセントを超え、史上最高の水準まで上がった。このため、景気がさらに悪くなり、失業が増え、多くのストライキに直面した。

しかも連邦政府の財政赤字は、景気刺激の効果がないまま、660億ドルに達したので、予算の策定にも苦労した。アメリカ経済の没落を誰しも感じるなかで、大統領選挙を迎えた。

副大統領はウォルター・モンデール。ハンフリー副大統領の後継としてミネソタ州選出上院議員だった。1993年からは駐日大使として東京で勤務した。

夫人のエレノア・ロザリン・スミスは、ジョージア生まれで父を早く亡くし、母の洋裁店を手伝いながら大学を出た。メンタル・ヘルスの分野における活動家として知られ、ジョージア州知事夫人の時代から夫の政治活動に積極的に参加し選挙戦にも貢献した。南部女性らしいソフトでありながらタフな行動から、ホワイトハウスの記者団からは「鋼の木蓮」と呼ばれた。

Ronald Reagan

第40代

ロナルド・レーガン（共和党）

「小さな政府」の実現と冷戦終結には成功したが

評価

C

1911年2月6日生～2004年6月5日没（93歳）。イリノイ州出身。ユーレカ大学卒業。在任期間：1981年1月20日（69歳）～1989年1月20日

どんな人？：軍拡競争など力の政策と経済的規制の撤廃で、少なくとも一時的には大成功を収める。だが、中東でも国内経済でも負の遺産も大きい。

≫「悪の帝国との戦い」に勝ったのは本当か

「呪術経済《ブードゥー・エコノミー》政策」というのは、ジョージ・ブッシュ（父）が、大統領候補を争っていたレーガンの経済政策について批評した言葉である。レーガンの政策は経済についても、外交についても、根拠ははっきりしないがもっともらしい仮説を立てたうえで、説得力が感じ

られる言葉でおいしい話を語るので、多くの人がそれを信じ、そのことで本当に一定の効果が出てしまうといったものではなかろうか。

こういう私の批評は必ずしも悪口ではない。歴史において思いもかけないようなブレイク・スルーは、しばしばこんなプロセスで実現してきたのであるし、レーガンの奇跡は大きな足跡を残したのである。ただし、いかに本人や関係者が都合が悪い副作用に目をつぶろうと、歴史はその暗黒面も暴き立てるであろうというのも確かなのだ。

外交では、アフガニスタンのタリバン、サウジアラビアのビンラディン、イラクのフセインは文字通りレーガンが支援し育てたのである。中南米で急進派指導者が台頭しているのも、レーガンがピノチェトに代表される悪質な独裁者を甘やかし、グレナダ侵攻のような真似をした反動である。

ソ連を「悪の帝国《イーブル・エンパイア》」と呼んで対決を鮮明にしたレーガンの政策がソ連・東欧の崩壊を早めたのは事実だが、彼らの問題は内在的で不可避なもので、その矛盾が噴き出したときに追い打ちをかけただけと見る方が適切ではないか。（242ページコラム参照）

レーガンはイリノイ州でアイルランド系の家庭に生まれた。父はカトリックだったが、母はスコットランド系で「キリストの弟子たち《ディサイプルズ・オブ・クライスト》」という原理主義的一派に属し、彼はこち

1980年大統領選挙

大統領	副大統領	党	獲得選挙人数	票数・得票率
ロナルド・レーガン	ジョージ・H・W・ブッシュ	共和	489人	4390万2千票 50.7%
ジミー・カーター	ウォルター・モンデール	民主	49人	3548万4千票 41.0%

らの教会に入信した。

ハリウッドで映画俳優となり、中堅どころとして活躍し、俳優組合の代表をつとめた。アメリカ物質文明のシンボルであるGEのコマーシャルに長年にわたって出演したことが、アメリカ社会についての肯定的な感覚を醸成したとも言われる。1967年にはカリフォルニア州知事に当選して話題となり、その後、執拗に大統領選挙出馬への可能性を追い求めた。

共和党の指名争いでは、元CIA長官のジョージ・ブッシュ（父）が有力と見なされていたが支持は伸びず、大衆的人気を背景にレーガンが候補者となった。

だが、副大統領候補にはブッシュをあてて、政権にそれなりの安心感を与えた。共和党の有力候補だったアンダーソンは途中で指名争いからは離脱し、独立候補として大統領選挙に出馬した。

現職だったカーターは、経済不況やテヘランのアメリカ大使館人質事件での不手際が響いたほか、全般的に素人大統領としての能力不足という評価から脱することができず、不信感を持たれた。

再選時、民主党は、カーター政権の副大統領モンデールが候補者となった。副大統領候補には女性でイタリア系のフェラーロ候補を擁立したが、ミネソタ州とワシントンDCでしか勝てなかった。

》財政赤字を広げた「小さな政府」路線

「レーガノミックス」と呼ばれた生産側重視《サプライサイド》のレーガンの経済政策は、「小さな政府《リミテッド・ガバメント》」と自由放任を掲げた。インフレと高失業率に苦しむ経済を刺激しようと、就任1年目から大幅減税を実施した。就任演説では、「政府は私たちの問題への解決策ではない。政府こそが問題なのだ」と述べ、数万人の障害者を社会保障から外すなど、国民の政府への依存を減らそうとした。

個人の自由を神聖視するレーガンの信条は、「レーガノミックス」だけでなく、冷戦を終結に導いた彼の軍事外交政策をも支えていた。イギリスのマーガレット・サッチャー首相ともども、この時代の保守主義は、経済から外交まで、広い領域で首尾一貫した政策思考を練り上げていたのであり、それが1980年代の保守派の強さであった。

ただしレーガンの経済政策は、意図に反して政府歳入を減らし、財政赤字と政府債務を大幅に増加させた。7000億ドルから3兆ドルに増えた政府債務は、レーガン自身にとっても任期中の「最大の失望」であった。インフレ抑制のためとして、極めて緊縮的な高金利政策で深刻な不況を引き起こしてしまう。そのため任期半ばで金融緩和に路線転換し、財政赤字を容認して、減税と財政支出拡大に向かう。

ジョンソン政権下の1968年にピークに達した最低賃金を、インフレに合わせて引き上げず、低所得層の実質賃金を引き下げたことで、格差が拡大した。1980年代以降、アメリカでは上位20%の高所得層のみが実質所得を大幅に増やしている。

レーガンはサッチャー、ゴルバチョフ、中曽根康弘と個人的な友好関係を築いた。レーガンは経済力を背景とした軍拡を進め、その結果として生じたソ連経済の困難を利用し、中距離核戦力全廃条約を結んだが、ゴルバチョフがその延長線上で得たのはソ連の瓦解と経済の破綻、そして、自身の失脚だった。

日米関係はかつてなく良好なものとなったが、中曽根がレーガノミクスに影響され、バブル経済化に有効な手を打たなかったことは、日本の驚異的な経済的繁栄に終止符を打つことになった。

ニューヨークに生まれシカゴで育ったナンシー・デイビスは、ハリウッドのB級女優時代にレーガンと結婚した。長女パティ・デイビス（作家・音楽家）によると、家族全員がホームドラマを演じているような家庭だったという。レーガン夫妻に偽物《フェイク》くささを感じるのは彼らがホワイトハウスで「共演」していた、時代遅れの演技が原因だったのかもしれない。夫のレーガン元大統領がアルツハイマー病になり、２００４年に亡くなった後は、治療法の研究や患者支援のために活動し、共和党の多数が反対する胚性幹細胞治療の研究促進に協力した。２０１６年３月、ロサンゼルスの自宅で死亡。

第41代

ジョージ・H・W・ブッシュ（共和党）

George Herbert Walker Bush

湾岸戦争での一方的勝利はすぐに忘れられた

評価

D

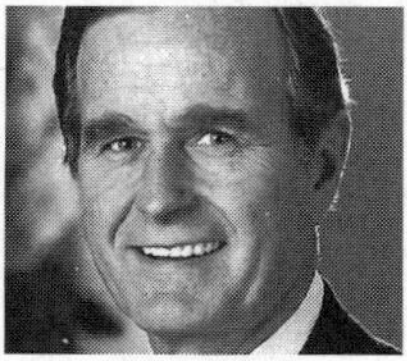

1924年6月12日生～　マサチューセッツ州出身。イェール大学卒業。
在任期間：1989年1月20日（64歳）～1993年1月20日

どんな人？：ソ連の崩壊、東欧の自由化、湾岸戦争、北米自由貿易協定など外交的成果はあったが、国内経済はレーガンの負の遺産もあって混迷に陥った。

≫正統派のWASPだが悪い友人に囲まれる

典型的なWASP（白人・アングロサクソン・プロテスタント）の出身であるプレスコット・ブッシュは、オハイオの製鉄会社経営者の家に生まれた。イェール大学卒業後、第一次世界大戦に出征し、帰還後は名門実業家の娘でスポーツ万能だったドロシーと結婚

1988年大統領選挙

大統領	副大統領	党	獲得選挙人数	票数・得票率
ジョージ・H・W・ブッシュ	ダン・クエール	共和	426人	4888万3千票 53.4%
マイケル・デュカキス	ロイド・ベンツェン	民主	111人	4180万7千票 45.6%

し、実業家として陽《ひ》の当たる道を歩み続けた。50代半ばを過ぎてからであるが、コネチカット州から連邦上院議員に選出された。

長男のジョージはテキサスでの石油ビジネスに成功し、40歳ごろから政治活動を本格化させた。下院議員を2期つとめたあと上院への進出には失敗したが、共和党全国委員会議長、アメリカ国連大使、中国への特命全権公使（米中連絡事務所長）、CIA長官、危機委員会評議員などの職を歴任した。

保守的であるが、インテリで中庸を得た良識人で人間的にもバランスが取れており、実務能力にも長《た》けた人物として尊敬を集め、期待もされていた。フランクリン・ルーズベルトののち、そういう正統派の経歴を持った大統領を見いだせなかったアメリカ人は、こんな人物は悪い人であるはずがないと信じ、「なりたい人より、させたい人」としての期待をかけた。ただ、彼がテキサスの荒々しいビジネスのなかで育ち、怪しげな友人を多く抱えていることは忘れていたのである。

副大統領をつとめたあとの共和党の指名争いでは、ブッシュがレーガンの支援を受け、容易に指名を獲得した。民主党ではゲイリー・ハート上院議員が有力だったが女性スキャンダルでイメージを傷つけ、マサチューセッツ州知事として経済復興を実現したマイケル・デュカキスが民主党候補となった。

選挙戦でブッシュ陣営は悪辣《あくらつ》なテレビ・コマーシャルでデュカキスを攻撃し、それは大衆に受けた。民主党は副大統領候補となったクエールの知的レベルの低さを揶揄《やゆ》したりしたが、馬鹿であることはヨーロッパにおけるのと違って、アメリカ人にとって政治家の欠格要件でないことを忘れていた。

ブッシュの時代は、東西ドイツ統一、東欧の自由化、ソ連の崩壊という世界史的な転換点になったが、この時期の外交はむしろヨーロッパにおけるミッテラン、コール、ドロール、サッチャーといった優れた指導者たちの主導のもとで展開し、ブッシュの影は薄かった。

中南米では麻薬対策への熱心な取り組みを口実に、パナマのマヌエル・ノリエガ政権を転覆すべく侵攻し、ノリエガをアメリカで服役させた。

湾岸戦争《ガルフ・ウォー》はイラクのクウェート侵攻を機に、国連の主導のもとで多国籍軍を派遣した。ベトナム戦やソ連のアフガン戦争の苦闘から苦戦が予想されていたが、障壁物のない砂漠での軍事行動であり、敵領土の占領を伴わなかったことなどから、予想外の大勝利となった。だが、容易すぎる勝利は政治的にはインパクトが弱かった。

この戦争で核兵器に準じるような強力兵器が多く使われたことは、それが効果的であった一方、将来に悔いを残した。さらに、サウジアラビアに軍隊を駐留させたことが、同国のイスラム過激派の反発を買い、ビンラディンらの反米主義への転向を誘発した。

アメリカ、メキシコ、カナダによる北米自由貿易協定（NAFTA）はブッシュ政権下で署名され次政権で発効したが、これはメキシコとの関係をそれなりに安定させることになった。

優れた功績の一方、副大統領の時代には連邦政府の規模縮小をめざして規制緩和を陣頭指揮していたブッシュだが、レーガン時代に3倍に増えた巨額の政府債務を受け継いだため、増税を要求する議会多数派の民主党に押されて、増税はしないとの選挙公約を破った。さらに、不況に突入したため、失業手当などの福祉支出を増やすことにもなった。

金利とインフレは低く抑えたものの、公約違反の増税策と高失業率が不人気を呼んだ。外交政策の方が楽しいと記者会見でもらしたこともあるブッシュは、対立候補のクリントンに「大事なのは経済なんだよ、当然だろ《イッツ・ジ・エコノミー・ステューピッド》」などと突っ込まれて再選に失敗した。

夫人のバーバラ・ピアースは本物のお嬢様だった。ニューヨークの富裕な出版業者の娘で、名門スミス・カレッジ在学中にブッシュと結婚した。誰にも好感を与える大らかさは、その育ちのよさからきているようだ。息子の1人が失読症であることから、識字能力開発を目的にした基金を設立するなどボランティア活動を大切にしている。

Bill Clinton

第42代

ビル・クリントン（民主党）

経済優先のベビーブーマー世代の代表選手

評価

B

1946年8月19日生～　アーカンソー州出身。ジョージタウン大学卒。オックスフォード大学留学。イェール大学ロースクール卒業。

在職期間：1993年1月20日（46歳）～2001年1月20日

どんな人？：IT社会の到来などのなかでアメリカ経済を復活させる。だが、外交面には国内問題ほどの関心がなかったのか、悪くはないがすべてに不徹底。

予備選挙の時代の申し子

クリントンはベビーブーマー世代に属し、ベトナム戦争中はおそらく徴兵忌避の意図もあってイギリスに留学し、反戦運動にも参加していた。アメリカが自信を失っている時期であれば、こうした経歴は致命的なものになりかねないが、ベトナムでの挫折感をイラク

1992年大統領選挙

大統領	副大統領	党	獲得選挙人数	票数・得票率
ビル・クリントン	アルバート・ゴア	民主	370人	4490万8千票 42.9%
ジョージ・H・W・ブッシュ	ダン・クエール	共和	168人	3910万2千票 37.4%
ロス・ペロー	ジェームズ・ストックデール	独立	0人	1974万1千票 18.9%

の砂漠のなかに埋めてしまったアメリカの世論は、不思議なほど寛容になっていた。

しかも、この選挙では独立候補のロス・ペローという不思議なおじさんが旋風を巻き起こしていた。財政均衡、銃規制反対、保護貿易を唱える素朴さは、頭がよすぎるブッシュとクリントンの間隙を縫うことができたのである。ブッシュ（父）の敗北にはさまざまな原因があるが、最大のものは、このペローが20パーセント近くの得票を獲得したことであった。

アーカンソーの司法長官と知事以外の経験を持たないクリントンが大統領候補となれたのは、現役の大統領に挑戦する不利を悟って、多くの有力者が尻込みしたこともある。それと同時に、予備選挙を行う州が増えたことがあった。大統領選挙は1年も前から実質的なスタートを切り、予備選挙を通じて候補者はあらゆる過去を調べ上げられ、政策理解力も含めた適性を徹底的に試され、それ以上に自分自身が成長することができるからである。

わが国の自民党や民主党の党首選挙はわずか数週間の出たとこ勝負であって、未熟な政治家を試す機会にもならないし、政権担当の準備としてもおよそ役に立たないのと大違いだ。クリントンは優れた弁論術で頭角を現すとともに、経験不足を補う学習機会ともできたのである。

外交での成果はそれほど華々しいものではない。中東では、ノルウェーの仲介によるオスロ合意によって和平への一定の枠組みをつくり、イスラエルのラビン首相とPLO（パレスチナ解放機構）のアラファト議長による和平協定（パレスチナ暫定自治協定）を結ばせた。

ユーゴでは西欧諸国の協調のもとにボスニア・ヘルツェゴビナ和平協定締結に成功し、ともかくも、バルカンの火薬庫に枠組みを与えた。

日豪などの主導したAPEC（アジア太平洋経済協力）に協力するとともに、中国との関係が劇的に改善した。

全般的に妥当な展開であったが、クリントンの関心が国内問題、経済問題に傾斜していたがゆえに徹底を欠いた感がある。やはり、地方の知事でしかなかったことのマイナス面を克服できなかったともいえる。

1996年大統領選挙

大統領	副大統領	党	獲得選挙人数	票数・得票率
ビル・クリントン	アルバート・ゴア	民主	379人	4770万2千票 49.2%
ボブ・ドール	ジャック・ケンプ	共和	159人	3919万票 40.7%

低所得者より中間層の向上に成功

クリントンの成功は基本的に経済政策のおかげである。政権2期8年間にわたって全四半期で経済成長を記録した唯一のアメリカ大統領となった。この間に、アラン・グリーンスパンFRB議長との協力のもとに、財政均衡を達成し、政権末期には5590億ドルに上る財政黒字をもたらすなど、財政運営では近年まれに見るほどの手腕を発揮した。

政権1年目の1993年には、アメリカ合衆国、メキシコ、カナダによるNAFTA（北米自由貿易協定）の上院による批准《ひじゅん》を支持した。これは、共和党の政策だった自由貿易を、本来なら保護貿易主義の民主党の立場から認める「第三の道」の中道路線であり、「ニューデモクラット」と呼ばれた。

福祉改革でも、トップの1・2パーセントの富裕層をターゲットに増税しつつ、共和党の政策を横取りする形で貧困層の1500万世帯と中小企業の90パーセントを減税した。また、数年のサイクルで財政を均衡させる支出抑制のルールを法制化するなど、増税と支出拡大に傾きがちだった民主党の路線を刷新した。ただし、この伝統的な路線に固執する民主党内左派からの反発は、政権末期まで残った。

だが、民主党が伝統的にターゲットにしてきた下層の救貧より、中間層の底上げを目標としたことは、ある意味でそれまで谷間になって忘れられてきた層であるので大きな成功となった。また、ＩＴ産業や金融など新しい産業に理解を示したことにより、１９２０年代的なライフ・スタイルとは違った夢と目標を与えたことも正解であった。

クリントンの「第三の道」の中道路線は、イギリスで「ニューレイバー」となってブレア政権（１９９７〜２００７年）において、10年にわたる経済成長を維持する成果をあげた。政権最終年の２０００年には、史上最大の２３６４億ドルの財政黒字をもたらした。

一方、ゴア副大統領を先頭に環境問題への取り組みを本格化させたが、政権交代でアメリカの取り組みは遅れることになる。ゴアはテネシー州選出の上院議員を父にワシントンで生まれ、自身も上院議員となった。「情報ハイウェイ構想」でＩＴ化を推進したことも彼の功績だ。

クリントンは１９９６年の選挙では、カンザス州選出の上院議員で共和党のドールに南部の一部を取られただけで楽勝したが、そののち、モニカ・ルインスキー事件で弾劾裁判を受けることになった。なんとか乗り切り、しかも、本人の支持率は高水準を保ったが、リベラル派の不信感につながったことは否めず、それがブッシュ政権の誕生につながったのが、最大の失態であった。

夫人のヒラリーは学業成績がきわめて優秀だったが、高校まで飛び級もせず故郷シカゴ近郊の公立学校で過ごした。カレッジ在学中に、熱心な共和党支持から民主党支持に変わり、イェール大学のロー・スクール卒業後、多くの選択肢に迷った挙句恋人のクリントンの待つアーカンソー行きを決める。キャリアの進め方としては自然体というか〝大ざっぱ〟だ。この辺がよく比較されるコンドリーザ・ライス元国務長官との違いでもある。健康医療制度改革、児童福祉、健康医療制度改革、児童福祉に一貫して熱意を持っている。

George Walker Bush

第43代

ジョージ・W・ブッシュ（共和党）

9・11テロに始まり金融恐慌で終わる

評価

E

1946年7月6日生〜　コネチカット州出身。イェール大学卒業。ハーバード大学ビジネススクール卒業。
在任期間：2001年1月20日（54歳）〜2009年1月20日

どんな人？：史上空前の接戦を制して大統領に。偽情報に踊らされてイラクに介入したが、益はなかった。経済も世界大恐慌以来の金融危機に陥る。

≫接戦を疑わしい決着で制する

2世政治家が多いアメリカだが、親子で大統領になったのはアダムズ親子とブッシュ親子だけだ。ブッシュ（子）はコネチカット州に生まれ、家族とともにテキサス州に移り、父や祖父と同じく、フィリップス・アカデミーとイェール大学で学んだ。ハーバードで経営学修士号（ＭＢＡ）を取得し、ＭＢＡの称号を持つ初めてのアメリカ合衆国大統領である。

石油産業では失敗したが、投資家グループとともに大リーグチームのテキサス・レンジャーズの共同経営者になり、チームが１９９８年に売却された際に１５００万ドルの売却益を得た。下院議員選挙に敗れたのち、テキサス州知事に当選し、保守的な政策を展開した。

ブッシュとケリーとが争ったときに、「気難しいが専門知識が優れた医者がいいか、日曜日に野球の相手をやってくれる気さくな医者がいいかの選択」と言われたのは当を得ていたが、マスメディアを通じてすべての国民が、友人のことと同じレベルで政治家のことを知るようになる時代にあっては、友人の選択と同じ基準で政治家を選ぶようになる傾向が世界中で見られるようだ。

ブッシュが当選した2度の選挙は、いずれもまれに見る接戦となった。２０００年の選挙では、ゴア副大統領と弟のジェフが知事を務めるフロリダ州での開票で最後まで争い、疑わしい勝利を手にした。２

2000年大統領選挙

大統領	副大統領	党	獲得選挙人数	票数・得票率
ジョージ・W・ブッシュ	ディック・チェイニー	共和	271人	5045万6千票 47.9%
アルバート・ゴア	ジョリー・リバーマン	民主	266人	5100万票 48.4%

2004年大統領選挙

大統領	副大統領	党	獲得選挙人数	票数・得票率
ジョージ・W・ブッシュ	ディック・チェイニー	共和	286人	6202万8千票 50.7%
ジョン・ケリー	ジョン・エドワーズ	民主	251人	5902万8千票 48.3%

度目の選挙はマサチューセッツ州出身のケリー上院議員と争い、やはり接戦だった。ただし、第三の候補に有力者がいなかったので、一般得票で、久しぶりに50パーセントを超える得票を獲得した。

ブッシュの任期は就任の年の「9・11同時多発テロ《セプテンバー・イレブン・アタック》」で始まり、それのみで終わろうとしている。ブッシュのアルカイダとの戦いはそれなりに国際的な支持を集め、アフガニスタンの親タリバン政権を倒すことには成功した。

だが、ブッシュは欲張って、イラクからの亡命者による虚偽の情報に踊らされ、大量破壊兵器の存在を指摘し、イラク戦争を始めた。戦争そのものには勝利したが、戦後についての見通しを欠いていたために、泥沼に陥った。

また、イラク、イラン、北朝鮮を「悪の枢軸《アクシス・オブ・イービル》」と呼んだが、同時にいくつもの敵と対峙《たいじ》することにはそもそも無理があった。さらに、政権末期に至って、チベットをめぐり中国とぎくしゃくし、グルジアのサーカシビリ大統領の浅はかな行動を支援したことによって、ロシアとも対立関係に陥った。

ブッシュの任期中において、日本は一貫してブッシュ政権を支持したので関係は良好であった。だが、日本が友人としての正しい助言を怠ったのがよい友人にふさわしいかどうかは疑わしいことだ。

たとえば、イラク占領政策は日本占領政策を模範とするとした。だが、日本の場合は戦争責任の追及や憲法改正までしつつも、天皇という統合の象徴や実務的な行政の基礎である官僚機構を温存したことが成功につながったのに、イラク占領ではバース党など既存の統治機構を完全に破壊して人材を追放してしまい、ISの台頭を許すなど収拾がつかないことになってしまったのであって、まったく何も似ていないのである。

≫ハリケーン・カトリーナと金融恐慌

ブッシュ政権は外交と並んで経済でもアメリカに禍根を残した。アメリカの軍事支出は1990年代を通して年間で2900億ドルを超えたことがなかったが、ブッシュ政権下ではアフガン戦争、イラク戦争の戦費がかさみ、2008年までには2倍以上の5950億ドルに膨れ上がった。政権初期の大減税で税収が落ち込んだこともあって、クリントン政権末期に史上最大となった2364億ドルの財政黒字は、政権2期8年後には4580億ドルの赤字に転落した。この野放図な財政支出が、サブプライムローン・ショックからリーマン・ショックに至る金融危機を準備した過熱市場の原因となった。

財政支出と同時に、金融危機を準備したのが、行き過ぎた金融緩和政策である。当時のFRB議長のアラン・グリーンスパンが、景気を浮揚してブッシュの2004年の再選を手助けすることで、自身のFRB議長職への再任をもくろんでいたことが、低金利政策の理由の一つであったと推測されている。再選に成功したブッシュは、実際に2005年にグリーンスパンを前例のない5期目のFRB議長職に再任した。

金融危機前の過熱市場は、グローバリゼーションで複雑化していく金融への効果的な規制・監督の欠如がもたらした結果でもあった。2004年には証券取引委員会（SEC）が、投資銀行に安全と見なされる自己資本の比率を自由に決めることを認めるようになり、その結果すべての投資銀行において、自己資本比率は低下したのであった。

貧困率も悪化し、政権末期にはサブプライム問題で世界経済を金融危機に巻き込み、ドル安をもたらすなど、クリントン時代に比べてアメリカ経済の凋落《ちょうらく》は隠しようもなく、2008年の大統領選挙では、共和党のマケイン候補ですら「ブッシュ隠し」に走った。

また、2005年のハリケーン・カトリーナでの対応の遅れを非難され、「京都議定書」への調印を見送ったなど、地球環境問題での後ろ向きな姿勢も世界的に不人気だった。

そして、次期大統領を選ぶ選挙戦の真っ最中に金融恐慌が襲ってきた。

「史上最強の副大統領」といわれるチェイニーは、ネブラスカ州出身で、フォードの首席補佐官、ブッシュ（父）の国防長官をつとめた。石油掘削機の販売会社ハリバートンのCEOだったこともある。心臓病の持病を抱える。

夫人のローラ・レーン・ウェルチは、テキサス州で生まれテキサス大学で図書館学修士号を得ている。夫をアルコール依存症から立ち直らせるなど、賢夫人のイメージだが、2008年の洞爺湖サミットでは他の首脳夫人と同じバスに乗ることを拒否するなどわがままな一面も見せた。

元図書館司書として図書館振興のためにさまざまな活動をしてきたが、任期終了後は故郷の町で活動を続ける意向を表明した。夫とコンドリーザ・ライス元国務長官との親密な関係が原因で離婚するのではとの噂もあったが、2016年3月のナンシー・レーガン未亡人の葬儀に夫婦そろって参列する姿が報道されている。

コラム⑦

アメリカ経済史④——リーマン・ショックから大不況まで

２００７年夏のサブプライムローン・ショックに始まり、２００８年秋の投資銀行リーマン・ブラザーズの破たんで頂点に達した金融危機の遠因は、ブッシュ政権初期の大減税にある。

ブッシュ政権は、クリントン政権が残した史上最大の２３６４億ドルの財政黒字を、課税によって経済成長を阻害する要因として批判し、２００１年から２００３年にかけての三つの減税法と、２００４年の仕上げの拡大法で大型減税を実施した。ブッシュ減税は富裕層に恩恵をもたらしただけで、経済全体としては消費増にはあまり効果がなく、格差拡大を進めた。センサス局の発表によれば、２００３年から２００５年にかけて、景気回復下のアメリカで貧困人口が３４６０万人から３７００万人へと２４０万人も増加している。

大減税と歩調をそろえて連邦準備銀行理事会（ＦＲＢ）は、大幅な金融緩和に乗り出し、政権発足時に6・5％だったフェデラル・ファンド・レートを、年末には2％以下にまで引き下げた。過剰に供給された資本は投機に回り、また低金利の住宅ローンとして貸し出されて住宅の買い替えを広範に促すなど、不動産取引を活発化した。余った資金の貸付先を拡げる必要に迫られた金融機関は、格差拡大で増えた低所得者層にも高金利の住宅ローンを貸し出し、こうしてサブプライムローン市場が拡大して、不動産市場がますます過熱していった。アメリカの住宅価格は1990年代の10年間を通して25％ほどしか上昇していないが、ブッシュ政権下の最初の5年で2倍以上に値上がりした。

過熱を抑えるため、FRBは2004年半ばからフェデラル・ファンド・レートを引き上げ始め、2006年末には5・25％まで上昇させた。それが住宅価格上昇に歯止めをかけたが、この間、サブプライムローンは細分化されて証券化商品（セキュリタイゼイション）に仕立てられ、大手金融機関と結び付いた格付け会社による高格付けをテコに、欧州を中心に海外の機関投資家に広範に販売されていた。住宅価格が頭打ちから下落に転じると、金利上昇で低所得層が返済できなくなったサブプライムローンを組み込んだ証券化商品が不良債権化して、２００７年にサブプライムローン・ショックを引き起こしたのである。

ブッシュ政権は年末にサブプライムローンの金利上昇の５年間凍結を発表し、翌２００８年２月には危機に直撃されている低所得層への現金給付を含む１５００億ドルの大型減税に踏み切るものの、危機は収まらず、７月には政府系の住宅金融機関である連邦住宅抵当金庫（ファニーメイ）と連邦住宅貸付抵当公社（フレディマック）が深刻な資本不足に直面した。ブッシュ政権は最大３０００億ドルまで認める住宅ローン救済策を成立させたが、これら小出しの対症療法はいずれも効果なく、9月15日に大手投資銀行のリーマン・ブラザーズが破産し、危機は頂点を迎える。

ブッシュ政権はようやく10月に７０００億ドルの公的資金での不良債権の買い取りと、１０００億ドルの減税を含む大型の金融救済法を通し、金融市場の全面崩壊だけは何とか防いだ形で任期満了にこぎつけた。しかし実体経済は急激に落ち込み、この年の最後の四半期は７・９％ものマイナス成長、翌２００９年の最初の四半期も５・８％のマイナス成長を記録し、景気の大底で経済運営をオバマ新政権に引き継ぐ結果となった。オバマ政権が優れた経済運営で財政赤字を削減し、緊急避難的な量的緩和政策の出口にこぎつけるまでアメリカ経済を回復させたことは、次項で見る通りである。

ただし2010年の金融規制法で導入された「ヴォルカー・ルール」は、金融機関の投機的業務を禁止しているものの、投資銀行と商業銀行の機能分離を前提にしているだけで、金融持ち株会社による投資銀行、商業銀行の包括的な金融支配までは禁止しておらず、投機的活動の抑制と危機再発にはまだ不充分と見られる。

（古家弘幸）

エピローグ

2008年大統領選挙とオバマ当選

Barack Obama

第44代

バラック・オバマ（民主党）

黒人初の大統領と核廃絶の願い

1961年8月4日生〜　ハワイ州出身。

コロンビア大学卒業。ハーバード・ロー・スクール卒業。

在任期間：2009年1月20日〜

どんな人？：父親はケニア人で母は白人。史上初のアフリカ系大統領。議会で少数派のために成果はあまり多くないが、オバマ・ケアで国民皆保険の枠組みを実現。

評価

C

影の主役だったヒラリーの蹉跌

2008年の大統領選挙は、将来のホープに過ぎなかったオバマが、絶対本命と言われたヒラリー・クリントンが民主党予備選挙で失速したことで浮上し、さらに、マケインが副大統領候補にアラスカ州の女性知事で国際情勢もほとんど理解していないペイリンを充てて大失敗したことで楽勝したというのが基本的な流れだった。

ヒラリーの経歴はすでにクリントン大統領の項で紹介したとおりだが、シカゴの豊かな衣料品店経営者の娘として生まれ、名門女子大であるウェルズリー大学のあとイェール大学のロー・スクールでビル・クリントンと知り合った。

卒業後はクリントンの地元であるアーカンソー州に住み、弁護士として成功した。当初はウーマン・リブ的だったが、ビルがアーカンソー州知事選挙で再選に失敗したときから、髪をブロンドに染め、太い縁の眼鏡をコンタクトレンズに変え、ヒラリー・ロンダムと旧姓を使っていたのをヒラリー・ロンダム・クリントンにした。

内助の甲斐があってビルが大統領になったことによりヒラリーは、大学院卒のファーストレディー第1号となり、社会保障制度の立案にも関わった。ビルのセックス・スキャンダルでは夫を果敢に擁護して危機から脱出させ、2000年にはニューヨーク州から上院議員に選出された。

2004年の大統領選挙への出馬は見送ったが、2年後の上院議員選挙では圧勝し、2008年の選挙における絶対本命と語られるようになった。ともかくブッシュ政権は不人気だったから、初めての女性大統領実現の可能性が高いと見られていたのである。

だが、彼女の能力を疑う者はいなかったが、リベラルすぎる政見、金持ちセレブであること、女性がゆえの不安、スキャンダルの臭い、胡散くささ、高慢さなどに反発も強かった。また、彼女の演説は説得力はあるが、人々を熱狂させたり、陶酔させる魅力はなかった。

そのとき、彗星のようにあらわれたのがバラック・オバマだった。２００４年に上院議員に初当選したばかりで、将来の大統領候補という期待はあったが、一般にはそれは２０１２年以降のことだと考えられていた。ところが、ヒラリーの対抗馬が見あたらないなかで、前倒しで出馬してはという声がわき上がってきた。

それでも、２００７年の初めの段階ではヒラリーが圧倒的に有利だったものの、２位につけたのはオバマで、徐々にヒラリーが嫌ならオバマの新鮮さしかないという流れが生じ、予備選挙が始まるころにはヒラリーと拮抗するようになった。

オバマが、上院議員になった同じ選挙で落選した大物議員で、大統領候補ともいわれたバシュルの、優秀なことで定評があったスタッフを引き継いだことも大きかった。

そして、アイオワ党員集会ではオバマ、ニューハンプシャー予備選ではヒラリーが勝利し、両者が激しく争うなかで、黒人で上院議員になる前は州議会議員でしかなかったが妙

2008年大統領選挙

大統領	副大統領	党	獲得選挙人数	票数・得票率
バラック・オバマ	ジョセフ・バイデン	民主	365人	6847万票 52.8%
ジョン・マケイン	サラ・ペイリン	共和	173人	5941万8千票 45.8%

に冷静なオバマと、女性で大統領夫人として裏表を知り過ぎた感があり、しかも、本音が垣間見えるような失言が目立つヒラリーの間では、はっきり好みが別れた。

資金面でもヒラリーは大口の献金者を持っていたが効果が薄い支出を繰り返して消耗し、オバマはネットで集めた莫大な資金を効果的に使用した。また、予備選を重点にしたヒラリーに対し、党員集会も重視したオバマの作戦が成功した。民主党の場合、各州での代議員が総取り方式でなく、比例配分だったことで、ヒラリーの勝負強さが生きなかった。ビル・クリントンのオバマ攻撃も良かったのかどうか疑問で、ブッシュ親子とクリントン夫妻で交互に政権をたらい回しするというイメージを増幅した。

こうして、全国大会の1カ月前には大勢は決し、ヒラリーは撤退に追い込まれた。だが、ヒラリーを嫌う人がオバマを押し上げたという構図の中で、ヒラリー支持者のオバマへの歩留まりは高くなかったし、ヒラリーもオバマの落選によってこそ次の2012年の選挙で自分のチャンスが生まれることを意識した。オバマへの協力は彼女自身の支出返済募金活動へのオバマの協力への返礼と、党への裏切りとの非難を受けないための弁解の域を出なかった。

共和党でも、ヒラリーに勝てるのは誰かというのが選挙戦でのキーワードになり、その条件にあった候補が追い求められた。

当初、共和党の絶対本命といわれたのは、元ニューヨーク市長のジュリアーニだった。荒れていたこの街を再建した凄腕ぶりは誰しもが認めており、同時多発テロ時の陣頭指揮の見事さで、ニューヨークにおいてはヒラリーと互角以上の戦いが期待できた。

ところが、ジュリアーニは、効率的な選挙をするために、早い時期の予備選挙をパスするという奇策に出たが、緒戦での露出を控えたことからムードが盛り上がらないまま勝負を賭けたフロリダで惨敗し、脱落するというハプニングとなった。

そして、多数の候補が乱立する中で超保守派のハッカビーなどに対する反発もあって、保守派ながらも「実直でまともな候補」としてのマケインが指名を獲得した。

≫金融恐慌と副大統領候補でマケイン沈没

マケインは、マックというのが頭に付く名前で分かるとおり、スコットランド系アイルランド人（プロテスタントということ）であり海軍大将の祖父と父をもち、パナマの基地で生まれた。マケイン自身も海軍兵学校で学んだ。ベトナム戦争ではハノイ空爆中に撃墜され、五年半の捕虜生活を送り、パリ合意ののちの1973年に帰還した。

アリゾナ州から下院議員および上院議員に選出され、「一匹狼（マーヴェリック）」と呼ばれたように、独自の政見を持ち政治的な分類が難しかった。

ヒラリー票のかなりがマケインに流れ、オバマは人気はあるが、マケインを引き離せないという状態が続いた。それでも優位を信じるオバマは、副大統領選びに当たってややリスキーだが集票力のあるヒラリーを避けて、ベテランで外交通のバイデン上院議員を選んだ。経験不足批判を抑えるための防衛的な選択だった。

マケインは不利な状況を挽回するための賭けに出た。根っからの保守派で、美人だが一般女性から反発されにくいペイリンを副大統領候補に選んだ。彼女はアラスカの地元テレビでスポーツキャスターとして人気を得たのち、小さな町の市長を経て知事となっていた。

この選択は保守派を熱狂させて選挙戦にエネルギーを与え、注目度と支持を広げたが、まじめな支持者の離反を招いた。72歳のマケインが任期中にペイリンが大統領を引き継がざるを得なくなる可能性が統計学的に16％もあるなかで、海外へ出かけたのは知事になってからのクウェート訪問だけという副大統領候補は不真面目だった。

リンカーンの時代から一貫して共和党を支持し、トルーマン＝デューイの大統領選で、デューイの勝利という世紀の大誤報を掲載したこともある「シカゴ・トリビューン」がこの選択を理由にオバマ支持を表明したのは象徴的だった。

そこへ持ってきて、9月以来の金融危機は、一貫して金融自由化と規制反対を主張してきたマケインを窮地に陥れ、マケインは支離滅裂な言動を繰り返すしかなかった。

こうして、11月4日の投票の結果は、一般得票でオバマが53％、選挙人で68％を確保して勝利した。いろいろ見方もあるだろうが、この経済状況のなかにあってマケインに善戦したと言うべきなのであろう。

バラック・フセイン・オバマは、1961年にハワイでケニアからの留学生と白人の女性の間に生まれた。オバマは「奴隷の子孫としてのアフリカ系アメリカ人とは縁もゆかりもない」といわれる。

2012年大統領選挙

大統領	副大統領	党	獲得選挙人数	票数・得票率
バラック・オバマ	ジョセフ・バイデン	民主	332人	6171万3千票 50.5%
ミット・ロムニー	ポール・ライアン	共和	206人	5850万4千票 47.9%

アメリカの黒人は、奴隷としてセネガルからアンゴラあたりのアフリカ西海岸から連れてこられた人たちの子孫だが、オバマの父は東アフリカのケニアに住むルオ族という少数民族の出身であり、系統も違い外見も異なる。西アフリカ人のイメージは陸上の短距離選手を、東アフリカ人はマラソン選手を思い浮かべていただければいいだろう。

父はハーバード大学に単身で転じたので、母子はハワイにおける母の実家に残り、父は卒業後そのままケニアに帰ってしまった。そもそもこの父は、ケニアで結婚していたといわれ、アフリカでは3人の母親からバラックの異母兄弟が9人も生まれている。

オバマの父はバラックが10歳のときに交通事故治療のためにホノルルをいちど訪れ、1カ月ほど家族と一緒に暮らしているが、帰国して1982年に事故で死んでしまった。だが、その頭脳の明晰さと説得力ある話しぶりはしっかり息子に引き継がれている。

母親はスウェーデン系でカンザス州出身だが、それほど豊かな家庭ではなく、曾祖母が自殺している。母は父と離婚したあと、再婚相手のインドネシア人とジャカルタに住み、ついで両親のもとに戻ったので、バラックはアメリカの黒人社会とは無縁に育った。そんなこともあってか、バラックには白人にとって受け入れやすい雰囲気があった。

バラックはコロンビア大学を卒業してシカゴでＮＰＯに勤務したあと、ハーバード大学ロー・スクールに入ってアフリカ系として初めて「ハーバード・ロー・レビュー」の編集長を務めて注目された。

そののちシカゴで弁護士として活動するとともに市民運動にかかわったが、１９９５年には母が癌で亡くなっている。２００４年のシカゴでの民主党大会の時、オバマはイリノイ州議会議員に過ぎなかったが、地元の連邦上院議員候補だったことから大会で演説した。分断を拒否し、ひとつのアメリカしかないことを謳《うた》い上げた。この演説の素晴らしさでオバマは一気に全国的有名人になり、その年の選挙でただ1人のアフリカ系上院議員となることで将来の大統領候補と言われることになった。

≫初のアフリカ系大統領の誕生

オバマは理想を美しく演説で語り聴衆を陶酔させることにかけては、並ぶ者がなかっ

米国議会の議席数の推移

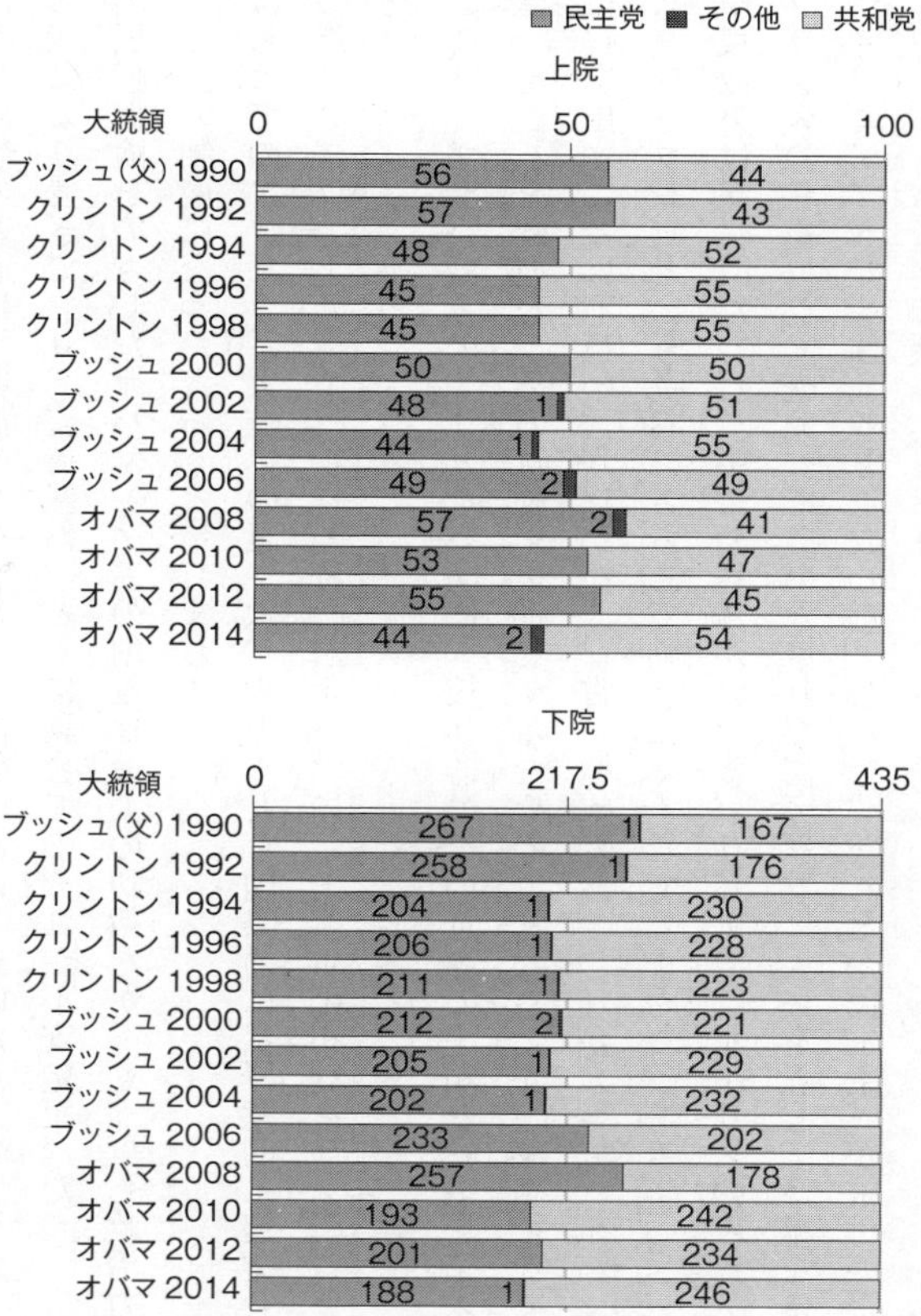

(注) 2010～14年の上院民主の議席数は民主系無所属2を含む。2014年の「その他」は上院無所属、下院欠員。年は選挙の年で示したが、就任は大統領と同じく翌年１月。
(資料) 東京新聞2010年11月4日、2015年1月8日、毎日新聞2010年11月5日2014年11月8日
(出典) 社会実情データ図録

た。その思想の基調は正統派のリベラルで、国際的には常識的だが、アメリカでは中心線から左により過ぎており、支持基盤、とくに議会でのそれが不安定だった。

国民皆保険をめざしたオバマ・ケアの創設は最大の功績だが、もう少し政治力があればもっと良い制度になっただろうと惜しまれる。

はじめてのアフリカ系大統領の誕生は、少なくとも国際的には好意的に迎えられた。就任の年にノルウェーのノーベル賞委員会がオバマにノーベル平和賞を与えたことがその象徴だ。

これは、プラハで「アメリカ合衆国は、核兵器のない世界の平和と安全を追求する」と宣言したことを歓迎し、その行動を後押しするための授賞だったが、実績でなく期待のために賞を出すことは邪道と言うほかなく、賞の権威も落とし、かえって、オバマを個人的なスタンドプレーという批判にさらして動きにくくしてしまった。

中東政策は大失敗だった。中東の春とかいって、リビアではイギリスのキャメロン首相とフランスのサルコジ大統領にそそのかされて、カダフィ大佐を殺して政権を倒し、チュニジア、エジプトでも独裁者を追放した。しかし、なんとか民主主義が根付いたのはチュニジアくらいで、それでもテロが頻発している。

エジプトでは原理主義者であるイスラム同胞団の政権奪取を援助したが、軍事クーデターがアメリカの同盟国であるサウジアラビアの後押しで起きた。シリアもアサド打倒を狙ったものの内戦で国家が崩壊。イラクからは公約だといって性急にアメリカ兵を引き上げたが、IS（イスラム国）が台頭して大混乱に陥っている。

イランとの和解は良いことだが、これから、サウジとイランに加えて、難民問題で世界を手玉に取るトルコという大国がイスラエルも加えた〝四つどもえ〟でぶつかり合う状況をどうコントロールするつもりだろうか。イスラエルとの関係も悪化して、ネタニエフ首相はオバマの反対を押し切って米国議会で演説した。

中国に対してはそのバブリーな経済力に目がくらんで、南沙諸島などへの進出を早期に抑えなかったことから、中国の軍部が膨張主義に走ることを止められなかった。オバマ大統領は2014年に習近平とカリフォルニアで3日間にわたる会談を行ったが、ここで、中国には民主化するつもりなどなく、「中国の特色ある社会主義」、つまり、独裁体制を将来においてまで維持しようとしていることに気づき、中国政策を見直すようになったようだが、それまでの無策のつけは大きい。

また、ブッシュ政権のグルジア支援につづき、オバマ大統領もウクライナの自立を支援して、ロシアのプーチン大統領の虎の尾を踏み、状況を複雑化した。ウクライナをEUやNATOに入れるのはロシアにとって国家存亡に関わる問題なので、それをプーチンが看過するはずがないわけで、ロシアによるクリミア半島併合は予想できない事態ではなかった。

オバマはこれを経済制裁で抑えようとしたが、歴史を振り返れば、ロシアは国民生活が窮乏しても国家の威信を優先する国であることは明らかだった。そして中東でも、シリアでプーチンに名を成さしめるだけの結果に終わっている。

全般的に見て、オバマは、マスメディアの反応に敏感すぎ、大勢順応型で確固たる決意に欠けた。しかし、それ以上に問題は、外国の指導者や国内の有力政治家と対面で交渉し、魅了する力がなく、うまくいかないと相手に冷たくするしか能がないことだ。

日本の指導者との関係で言えば、オバマ大統領の就任の年の秋に鳩山由紀夫を首班とする民主党政権が成立したが、普天間基地移転問題での「トラスト・ミー」という鳩山首相の無責任発言に怒って相手にしないという態度をとったが、そのまま放置して無駄な3年間を過ごしただけだった。

安倍首相ともはじめはうまく行かず、「すきやばし次郎」での寿司屋会談もよそよそしく終わった。しかし、なんとかオバマとうまくやろうと異例の努力を安倍首相自身がしたので関係は好転したが、普通はそうはいかない。概して指導者はわがままなものなのである。

それに比べると、経済政策への評価は悪くない。クリントン流の「中間層重視の経済学」（ミドルクラス・エコノミックス）を掲げ、裁量的な財政政策で景気変動に対処しつつ、基礎的財政収支（プライマリー・バランス）の均衡を図るという目配りの利いた路線で、リーマン・ショック後のどん底で引き継いだ米国経済のかじ取りをうまくこなしてきたと評価できる。

政権発足の翌月には、史上最大の景気対策と呼ばれた7870億ドルにも上る復興法を通し、さらに2兆ドルを想定した効果的な不良資産対策で金融危機封じ込めに成功したことで、2009年後半には早くも米国経済をプラス成長軌道に乗せた。「大恐慌」（グレート・ディプレッション）の再来を回避し、「大不況」（グレート・リセッション）にとどめたと言われるゆえんである。

たしかに政権一期目の財政は火の車であり、2011年7月の連邦累積債務上限の引き上げと引き換えに、野党共和党が予算統制法を通し、「財政の崖」と呼ばれる問題に悩まされたことは事実である。政権2期目には、オバマ増税の報復に共和党が実際に予算統制法を発動し、連邦政府機能が一時的に停止する事態にも追い込まれた。

しかしオバマの経済運営は共和党の主張する予算削減の緊縮一辺倒ではなく、必要な財政出動の余地は残しながら、好景気の時期にのみ財政赤字の削減を図るというバランスのとれた路線であった。政権2年目に通した財政支出財源裏付け法（スタテュトリー・ペイメント・アズ・ユー・ゴー・アクト）や、医療費の伸びを抑えるためのケア適正化法など、オバマらしい実際主義の現れである。政権1期目が終わるまでに、雇用は９００万人増え、ＧＤＰは年平均２％のプラス成長を記録した。

凡庸だが大きな失敗もなく

政権2期目に入ると納税者救済法を成立させ、国民の98％には減税して中間層を支援しつつ、２％の富裕層には増税するという、いわゆる「バフェット・ルール」で、予算を減らさずに財政赤字削減にも成功した。この結果、２０１３年には財政赤字を対ＧＤＰ比で4・15％まで減少させ、政権最後の3年間も、世界的な好景気に乗ってＧＤＰが大きくプラス成長する見通しである。

オバマの中間層重視とは競争力強化が目的であり、そのため技能と教育への投資に、財政支出を戦略的に振り向けた。また高齢者医療制度（メディケア）など、社会的弱者への医療保障にも注力した。２０１４年には経済運営の成果還元もこめて、連邦政府関連職の最低賃金を時給10ドル10セント（１１００円以上）に引き上げた。２０１５年の一般教書演説では、富裕層へのキャピタルゲイン課税を最高で28％に引き上げつつ、税控除は拡大するという方針で、中間層重視の姿勢をさらに強めている。２０１５年末には連邦準備銀行理事会（ＦＲＢ）が金利再上昇に踏み切るところまでこぎつけるなど、オバマの経済政策は、米国経済を成長させ、欧州・日本に先駆けていち早く金融危機後の非常事態から抜け出すことに成功したと高く評価されるべきである。

クリントン政権と合わせると、オバマの財政政策は、共和党政権（レーガンとブッシュ父子）の新自由主義路線の大減税で拡大した財政赤字と不況を、民主党政権が財政黒字で後始末しながら雇用増と景気回復も果たすという、１９８０年代以降の政権交代の新しいパターンを定着させたと、将来振り返られるかもしれない。

オバマは２００９年11月に米国のＴＰＰ（環太平洋戦略的経済連携協定）参加を表明した。ＴＰＰにはもともと共和党が賛成し、民主党内には反対派が多かったが、オバマは参加を決め、日本にも参加を勧めることにした。

アメリカにとっては、FTA（自由貿易協定）をさらに多くの国と結ぶのが好ましいが、米韓FTAにおいて議会通過時やその後のトラブルもあり、2国間交渉でこれ以上広げることに限界が出ていた。そうしたなかで、TPPのようなかたちで一気に片付けられるとするなら、メリットは大きかった。

さらに、中国が欧米的な原則の挑戦者になろうとするなかでは、中国も入れてルール作りをするよりは、中国抜きでルール作りをして、それを中国には呑むか呑まないかの二者択一にするほうが、好ましいという状況になったのである。

日本にとっては、明らかにメリットが大きい。そもそも、日本人の生活で最大の問題は、食品価格の異常な高さであって、それを維持するために、自動車分野でアメリカに譲るというのは愚劣の極みであるが、それでも世界貿易の孤児になるよりましだ。

オバマの追い求めている世界像はリベラル正統派のものであって、世界的にも支持が高かった。しかし、いかに理想が適切だとしても、それを実現する能力がなければ仕方がないということにつきるのだ。

オバマ大統領の時代を総括すると、外交上は破滅的な失敗はなかったにせよ、おしなべて低調で世界の混迷に輪を掛けた。評価するとすれば、間違った道を進み続けて大きな火傷を負わなかったことで、一定の学習能力は認められた。

内政では、議会対策などに力を発揮できず、また「民主党党首」としても、十分に役割を果たせなかった。そのために、議会選挙では、下院選挙で2008年の当選時には上下両院で勝利したものの、2012年の中間選挙から三度にわたって下院で少数与党となり、2014年の中間選挙では上院での多数も失った。

夫人のミシェルは、エリザベス女王の背中に手を回すという就任直後の訪英中の不作法に「外交上の時限爆弾」と不安視されたが、その後は夫である大統領を上回る支持率をキープしている。言い換えれば、野党共和党支持者からも受け入れられる存在であったということだ。長身でダイナミックな外見とはうらはらに、その「良妻賢母ぶり」は、むしろ共和党的とさえ感じられた。難病の父親を支え、母親をホワイトハウスに引き取り世話をする家族愛、貧民街からファーストレディーへ、努力の人というサクセスストーリーなども一般受けする。彼女がファーストレディーとして取り組んだ活動は、食育運動「Let's Move!」などいかにも無難なものである。

弁護士夫婦ということでクリントン夫妻と重ねられることもあるが、ビルとヒラリーの輝かしさ（ローズ奨学金、伝説のウェズリー卒業式辞）と比べれば、バラクとミシェルのキャリア自体は平凡なものである。プリンストン大からハーバード・ロー・スクールにストレートで進んだといっても、「黒人優遇政策《アファーマティブ・アクション》」の恩恵を受けてのことである。バラクの大統領選立候補以前のミシェルはブランド好きで、お世辞にも社会的関心が高いとは言えない暮らしを送っていた。

夫のリタイア後のセレブ生活を楽しみに、せっせと内助の功にはげんでいるというところだろうか。

オバマの8年間についての評価は、２０１６年の大統領選挙、議会選挙の結果によって変わると思われる。無事にクリントン大統領誕生で議会でも民主党が勝利すれば、オバマの遺産はかなり実現し評価されるものになるだろうし、共和党の勝利になれば、理想は高かったが政治力、決断力のなさでアメリカを混迷に陥れた大統領ということになるのではないかと思われる。しかし、もし現状であえて評価をするなら、凡庸だが大失敗もないCという評価しかないだろう。

≫２０１６年大統領選挙とトランプ・サンダース現象

オバマ大統領への支持率は、２００９年1月の就任当初は70％近かった。ところが、翌年の夏あたりから支持と不支持が拮抗し、２０１１年には逆転したが、２０１２年の大統領選挙の夏あたりから再び支持が不支持を上回った。２０１３年夏からはまた不支持が多くなり、２０１６年になってからは持ち直して支持が多くなっている。

立候補表明時期は、ヒラリー・クリントンが２０１５年4月、バーニー・サンダースが5月、ドナルド・トランプが6月だが、これは、オバマ人気が低迷していた時期に当たる。そこで、民主党でもオバマ路線の継承を看板にした候補はいなかったし、共和党からは激しい攻撃がなされた。

民主党では、ヒラリー圧倒的に有利という見通しの中で、有力者があまり意欲を見せず、バイデン副大統領も期待されながらも断念した。そのなかで、アメリカの二大政党では、初めて社会民主主義者を名乗ったバーモント州選出のバーニー・サンダース上院議員が名乗りを上げたが、泡沫とみられた。

共和党では、勝利の可能性がかなり高いというので、有力政治家が候補として勢揃いした。なかでも、同じブッシュ家でも兄よりは出来がよいといわれ、メキシコ人女性と結婚し、カトリックに改宗したジェブ・ブッシュが本命、それが清新さに欠けるということなら、若手でキューバ難民の子であるマルコ・ルビオが対抗とみられた。

ところが、予備選挙が始まるや、様相は一変した。民主党では、サンダース上院議員がニューハンプシャーを制するなど大健闘した。サンダースは、ポーランド系ユダヤ人だが無神論者と言われる。シカゴ大学を卒業し、大工などをして、小さな町の市長として政界入りし、下院議員を経て上院議員になった。民主党に支援されたが、民主党に入党したのは大統領選予備選に立候補するためだった。

その社会民主主義的な政策は、市長時代にかなり実践したものだった。しかし、民主党に属さないで上院議員になるとか、社会民主主義的な政策というのも、人口60万人で全米49位、住民はほとんど白人というバーモント州の特殊事情のなかで隙間狙い的に成り立っていたものだ。

ヨーロッパでも破綻している社会民主主義的政策を、これからアメリカで構築するなどということは現実的でないし、極端な政策で党をまとめたり、さらに共和党の一部も抱き込んで議会で多数を占めるなどということは、たとえ大統領に当選してもなお、ユートピア的なのだ。

しかし、ヨーロッパにおける大きな政府の行き詰まりを知らないナイーブなアメリカ人には結構新鮮だと受けて、最終的にはヒラリーに敗れたとはいえ、大健闘した。

共和党では、実業家でテレビのリアリティ番組でも人気者だったドナルド・トランプが巧みな話術のおかげで、予備選で人気沸騰した。本命だったブッシュは、トランプ氏の毒舌になすすべもなかった。

マルコ・ルビオは少し期待されたが、テレビの討論会でクリス・クリスティ（ニュージャージー州知事）にやり込められて脱落した。むしろ、善戦したのは、テキサス州選出の上院議員のテッド・クルーズだった。キューバ系だが原理的プロテスタントに改宗していた。そこに、資金を効果的に使って第3の候補として生き延びたのが、リベラルなジョン・ケーシック知事だった。

≫予備選挙の構造的欠陥に苦しめられたヒラリー

それでは、なぜサンダースとかトランプのような極端な主張をする候補者がそれなりに成功したかといえば、予備選挙というものの構造的欠陥が故《ゆえ》だ。

かつてのように、予備選の比重が低かったころは、党の幹部たちは、本選挙で勝てるように左右の極端な候補を排除し、中道寄りの候補に収斂《しゅうれん》させた。

ところが、予備選挙や党員集会をする州が増えて、その結果次第で、最終候補者が決まるようになってきた。そうすると、民主党では左寄り、共和党では右寄りの極端な候補の方が、コアな支持者を集められて有利になった。

さらに、予備選挙は過半数を制する必要がなく、1回目の投票で1位の候補の勝ちになる。そうなると、今回の共和党のようにトランプ対その他という構図になると、トランプが絶対に有利になる。

もっとも、予備選で過半数を獲得しないと、党大会で第1回の投票で過半数を確保できないことが多いし、そうなると、予備選挙での結果に各州の代議員が拘束されなくなる。そこで、立候補もしていないポール・ライアン下院議長をかつぎだそうという動きもあったが、トランプが過半数に達したので万事休すだった。

一方、社会的な状況として、なぜサンダースやトランプが健闘したかといえば、白人の不満層に受けたのである。ヒラリーはヒスパニックや黒人に圧倒的に強く、サンダースは弱かった。

クリントン夫妻は、ヒスパニックや黒人のうち、前向きに頑張る層を助けて中流化する道を開いた。ところが、それで割を食ったのが白人で能力がない、意欲がないという層だった。そこにつけ込んだのが、サンダースでありトランプだったのだ。したがって、私は、「トランプ・サンダース現象」と、左右のポピュリストをひとくくりにして呼んでいる。

そして、ヒラリーの不人気は、すでに紹介したとおり、彼女のキャラクターによるところが根本だ。おそらく、ビル・クリントンの妻でなければ政治家になるタイプではなかったのだ。

さらに、国務長官時代の私用メール問題とか、ゴールドマンサックスから超高額の講演料をもらっていたといった疑惑が加わった。

≫オバマ広島演説が可能になった裏事情

こうして、ヒラリーとトランプという嫌われ者同士の決戦に、多くのアメリカ国民がうんざりするなかで、オバマ人気はあの2人より好感が持てるというので急上昇している。もう議会に法案を通してもらう必要もないとなれば、格好よいことを言い放題だ。

アメリカ国内の反対を押し切って広島を訪問し、こんな演説をしている。

「71年前、明るく、雲一つない晴れ渡った朝、死が空から降り、世界が変わってしまいました。閃光《せんこう》と炎の壁が都市を破壊し、人類が自らを破滅させる手段を手にしたことを示したのです。なぜ私たちはここ、広島を訪れるのか。私たちはそう遠くない過去に解き放たれた恐ろしい力に思いをはせるために訪れるのです」

「普通の人はもう戦争を望んでいません。科学の驚異は人の生活を奪うのでなく、向上させることを目的にしてもらいたいと思っています。国家や指導者が選択をするにあたり、このシンプルな良識を反映させる時、広島の教訓は生かされるのです。世界はここで、永遠に変わってしまいました。しかし今日、この街の子どもたちは平和に暮らしています。なんと尊いことでしょうか。それは守り、すべての子どもたちに与える価値のあるものです。それは私たちが選ぶことのできる未来です。広島と長崎が『核戦争の夜明け』ではなく、私たちが道徳的に目覚めることの始まりとして知られるような未来なのです」

また、それに先立ち、岩国基地でのアメリカ海兵隊兵士・海上自衛隊員を前にした演説は、なおすばらしかった。

「私は、米国が再びアジア・太平洋地域で主導的な役割を果たせるよう、取り組んできました」「米国海兵隊は、自衛隊と力を合わせ、平和を守り、域内のパートナーと連携し、人道支援および災害救援を行っています」「2011年の東日本大震災では、救助・救援活動で、極めて重要な役割を果たしました。日米は共に、域内で、数え切れない数の人命を救ったのです。このことは、我々の大きな誇りです」「皆さんの奉仕は、自由、民主主義、人権、法の支配といった、今日、日米両国が共有する価値観に根ざしています。その結果、日米同盟は両国だけの安全保障にとって不可欠となっただけでなく、域内および世界において、欠くことのできない安定の源であり、繁栄の土台となっています。皆さんは、我々の生活の質を支える礎《いしずえ》なのです」

日米同盟がいかなる「価値観を体現した」、また、「すべきもの」であるかを雄弁に物語ったのである。

ミシェル大統領夫人も、ニューヨークのシティカレッジの卒業式のスピーチで、「私は奴隷たちによって建てられた家で目を覚まし、美しい黒人女性の2人の娘が学校に行く時、アメリカ大統領である彼女たちの父に『行ってきます』と手を振るのを毎朝見ているのです」「アメリカ建国の父たちは黒人が大統領になる日が来るとは考えていなかったかもしれない」「しかし、ここにいるみなさん全員が、彼らのビジョンの成果なのです」「アメリカ建国の父たちの遺産は、みなさんが受け継いでいます。そうじゃないなんて誰にも言わせないでください。みなさんは、アメリカンドリームが今の時代でも残っているという生きた証なのです。アメリカンドリームは、みなさんそのものなのです」と涙が出るほど美しい演説をした。

コラム⑧

大統領選挙の仕組みと矛盾

4年に1度の大統領選挙では「一般選挙」の前に民主・共和両党の候補者を選ぶ予備選挙と党員集会が注目を集める。予備選挙は、党の代表を決めるものだが、州政府による公営選挙として行われる。党員登録した党にしか投票出来ない州と任意の候補に投票できる州がある。党員集会は候補者を決定するための地区レベルの集会である。このように、議員の選出方法は党や州によって違う。

いくつかの州での予備選挙・党員集会を経て、全米の多くの州で一斉に予備選挙・党員集会が開催されるのが「スーパーチューズデー」で、これで、大勢が判明することが多い。「スーパーチューズデー」は2月及び3月初旬の火曜日に設定される。「スーパーチューズデー」の呼び名が初めて使われたのは、1988年3月からである。最近では多くの州が自分の州の予備選挙の重要性を高めるために前倒しする傾向にあり、2月の初旬の火曜日に集中するようになった。そのため、最近の報道では

「スーパーチューズデー」は、比重の高さから「メガチューズデー」ともいわれている。投票日が火曜日なのは、日曜日は安息日として休み、月曜日に一日かけて移動して投票所を目指し、火曜日に投票した開拓時代からの名残である。

この予備選挙を全ての州で実施し、最終的に最も多くの代議員を獲得した候補が、7月に実施される党大会で、その党の公認候補に選出される。

民主・共和両党が正式な大統領候補を指名する全国党大会は、通常、非政権党は7月、（政権党は8月ごろの時もある）に行われ、副大統領候補は大統領候補によって指名される。2016年の大統領選挙では7月18日から21日に共和党全国大会が、7月25日から28日には民主党全国大会が予定されている。2016年の選挙では、11月8日には選挙人による投票が行われる予定である。そして、2017年の1月上旬に大統領及び副大統領の当選者が正式に決定する。

予備選挙の制度、民主・共和の2大政党の指名を獲得しなければ大統領候補として認知されることが難しいことから、第3の候補の進出が困難であることなど、アメリカの民主主義の問題点もある。

もちろん、民主党や共和党の候補でなくても、大統領になることは、制度的には可能だが、そのハードルはとてつもなく高い。2大政党以外から立候補するためには、各州で一定以上の署名を集めなければならないのだが、署名が集められなければ、その州から立候補できないので、最初からその州の選挙人を獲得できない。このような大きなハンデを抱えた状態で闘わなければならず、事実上、2大政党以外から大統領になるのは不可能である。

「一般投票」は、4年ごとに11月の第1月曜日の翌日に行われる（2016年は11月8日に予定されている）。その後12月の第2水曜日の次の月曜日に、各州で選挙人団が集まり「選挙人投票」が行われる。有権者は、候補者1組に投票する。そして、最大得票をした候補者（ペア）があらかじめ各州に割り当てられている「選挙人団」を獲得する。多くの州では1票でも上回った候補者ペアが、その州の選挙人の票を全部獲得する。これは「勝者総取り方式」といわれている（ネブラスカ州とメイン州だけは、「比例割当方式」を採用している）。

各州の選挙人の数は上下両院の議員数である。上院議員は各州から2名、下院議員は州の人口に基づいて決められている。その数は535人である。ワシントンD.C.は議席を持たないが、3名割り当てられているので、全国の選挙人の合計は538人となる。このために、一般投票の得票が多かった候補者が、選挙人投票で敗れ、大統領になれないということが起こりうる。

最近では、2000年、ブッシュ（子）が、ゴアよりも、過去には1876年にヘイズがティルデン、1888年のハリソンがクリーブラントよりも一般得票数が少なかったが当選した。2000年のブッシュの当選時には、最終的な当選者がなかなか決まらず、ゴア陣営が粘ったために、最終的には司法の場で、当選者がどちらかが争われる異例の事態となった。ちなみに、選挙人は約束どおりの候補に投票する義務はない（州によっては法律で義務付けている場合もある）。過去には約束と違う候補者に投票した選挙人もいたのだが、それによって選挙結果に影響が出たことはまだない。

どの候補者も選挙人の過半数の票を獲得できなかった場合、大統領は高得票者3名の中から下院が選出する。その際には1州が1票を持つ。副大統領は候補の高得票者

2名から上院が選出する。選挙権は、米国生まれ、米国籍で、18歳以上で選挙人登録を行っているものに与えられている。自己申告で登録しなければ選挙人名簿に登録されず、投票資格が生じない。被選挙権は、35歳以上で生まれながらの米国市民でなければならない。但し、合衆国市民である両親の子供であれば外国生まれでもよい。

建国のころは違う制度だった。1789年、92年は最大得票者が大統領、次点が副大統領になるという制度で、2回ともワシントンが大統領、ジョン・アダムズ（父）が副大統領になった。3回目の96年の選挙で初めて競合があり、この時は、制度の不備で大統領と副大統領が対立するグループから選ばれた。1804年には「大統領と副大統領選挙における選挙人規程」（憲法修正第12条）が定められ、選挙人は、大統領を指名するものか副大統領を指名するものか区別することとなった。

黒人参政権は1870年（憲法修正第15条）、女性参政権は1920年（憲法修正第19条）に認められた。大統領の欠員の時の副大統領の承継、副大統領が欠員の時にそれを埋める規定は1967年（憲法修正第25条）に定められた。これによって、フォードは副大統領となり、ニクソン退陣後、大統領に昇格した。

（吉田健一）

（民主党）

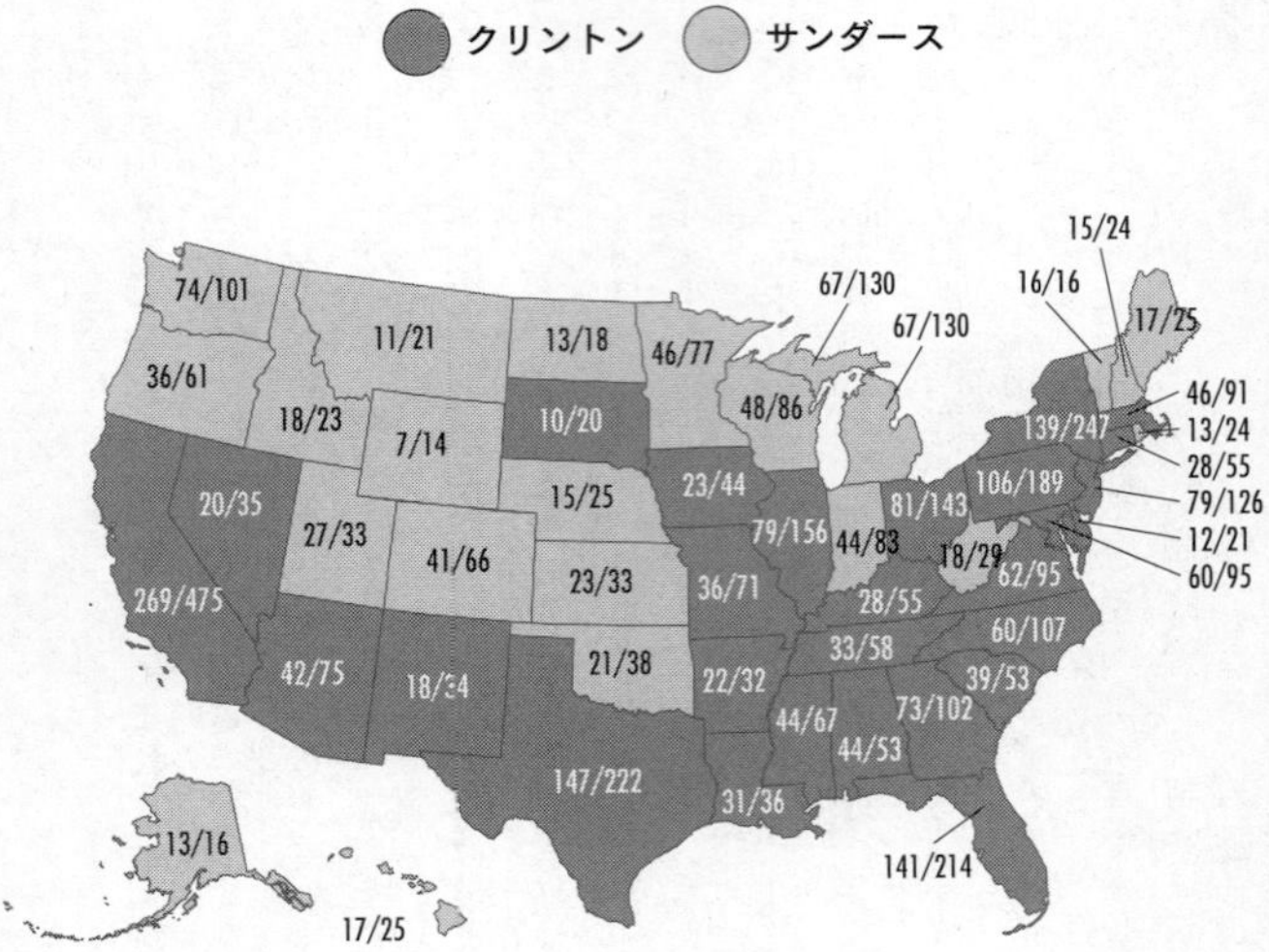

数字は各州の代議員（delegate）数と獲得代議員数。
斜線の左側が獲得数

出典：CNN plotics

2016年大統領選挙予備選の結果

（共和党）

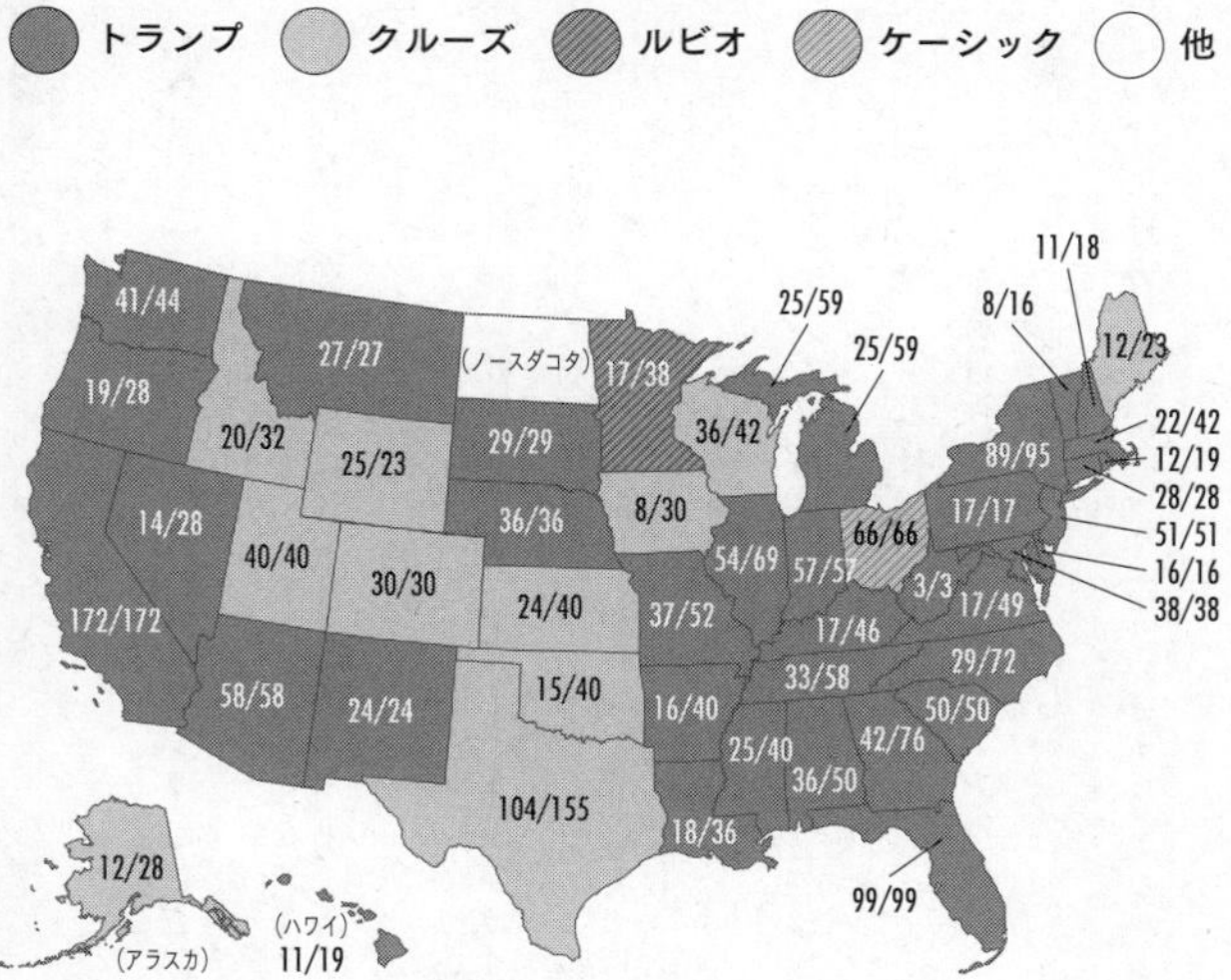

※ノースダコタ州では、共和党は党員集会で投票を行わない

コラム⑨

1990年代ニューヨークの「3女王」とその後継者

私がニューヨーク近郊に住んでいた1992年から1998年までは「アメリカの中休み」と呼ばれるクリントン大統領の時代だった。ジュリアーニ市長が辣腕《らつわん》をふるった「割れ窓理論」取締りの劇的な成果で、マンハッタンの治安や美観も回復していった。私も電車で買い物やリンカーンセンターのオペラに度々《たびたび》出かけたが、一度も危険な思いをしたことはなかった。そんな平和な一時のニューヨークに君臨した3人の女性がいた。

ギリシャの大富豪オナシスとの死別後に帰国したジャクリーン・ケネディ・オナシス（1929~1994）、5番街のトランプタワーに部屋を持っていたダイアナ元皇太子妃（1961~1997）、そのトランプタワーの建設者であるドナルド・トランプ夫人のイヴァナ（1949~）である。

2016年のアメリカ大統領選挙ではニューヨークの女王たちの後継者ともいえる

チェルシー・クリントン、トランプ家の長女イヴァンカ・トランプの活躍が華々しく報道されている。

チェルシーはアーカンソー州知事ビル・クリントンの娘として生まれ、中学1年生の時に父親の大統領就任に伴いワシントンに移った。大統領の家族として注目され、父親の不倫報道などの洗礼を受けた思春期を送った割にはマイペースな女性に成長し、好感度も高い。NBCテレビの記者であり、母親のヒラリーが世界女性会議で発した有名な「人権とは女性の権利である」宣言を引き継ぎ、「ノー・シーリングス・フル・パーティシペイションズ・リポート」をシンポジウムで発表している。

イヴァンカはトランプと最初の妻イヴァナの間に生まれた。現在の3番目の妻メラニア（ユーゴスラビアからの移民）がメディア嫌いであることもあり、「トランプの秘密兵器」として貢献している。

イヴァナ・トランプはチェコスロバキアからの移民で、モデル時代にトランプと知り合い結婚したが、ビジネスの才能を発揮し、カジノやホテルの経営を成功させている。1992年に夫の浮気が原因で離婚したが、裁判で30億ドルの慰謝料を獲得した

（2番目の妻マーラ・メープルが手にした慰謝料は2・5億円）。離婚後もブロンドの髪を王冠のように結い上げた独特のヘアスタイルのスナップが度々雑誌に掲載され、手がけた事業も成功させ、24歳年下の男性と再婚する際には元夫のトランプも出席した。

イヴァンカは母親から美貌とビジネス能力を引き継ぎ、ファッションモデルとして活躍する一方、トランプ・オーガナイゼーションの副社長を務める。父トランプは彼女の少女時代からその才能を見抜き、「君と働く日を待てない」と言ったという。トランプ候補は移民や女性に対しての過激な発言が注目されているが、イヴァナやイヴァンカの才能を開花させていることから「良妻賢母」賛美の保守的な女性観の持ち主ではないと思える。イヴァンカは女性雑誌の取材に対して「もし父が能力に男女差があると感じていたら、私の仕事を兄弟に回している」と答えている。

チェルシーとイヴァンカは同年齢で親しい友人同士であった。2008年の大統領選挙では、イヴァンカはヒラリー・クリントンに1000ドルの寄付をしている。

共にユダヤ教徒の男性と結婚しているが、イヴァンカは結婚に先立ちユダヤ教に改宗し、チェルシーは結婚式をラビ（ユダヤ教の聖職者）と牧師の合同結婚式で挙げているので、改宗はしていないとみられる。「クリントン家の一人娘がユダヤ教に改宗するのでは？」という憶測はユダヤ人コミュニティやイスラエルにとって関心事であり、選挙戦への影響も大きい。

ちなみに、ヒラリーの民主党での対立候補であるバーニー・サンダースもニューヨーク市ブルックリン出身のポーランド系ユダヤ人移民の息子である。

ニューヨークで暮らして実感するのは、経済、医学、教育、文化芸術など広い範囲でのユダヤ系人脈の強力さだ。ただし、食文化は厳格な戒律（コシャー）のために発達しなかったようだ。美味しいユダヤ料理というのはお目にかかったことがない。

たとえば、豚肉が禁止されていることは有名だが、ヒレやウロコのある魚類も駄目で、海老、貝類、チョウザメの卵であるキャビアも食べられない。乳製品と肉が一緒に供されることも禁止されているので、チーズバーガーも、ミートソースにパルメザンチーズをかけるのもＮＧ。親子どんぶりもダメという説もある。肉はよいが血は食べていけないので完全に血抜きする必要があるなど、食事には美味しさより信仰が重視されるのだ。

1993年、ビル・クリントンの大統領就任式の数日後、夫人のヒラリーはホワイトハウスでの生活についての忠告を求めて、5番街にあるジャクリーンのアパートを訪ねた。その16カ月後に亡くなるまで、ジャッキーはヒラリーに応援を送り続けた。避暑地で家族ぐるみで仲睦まじく過ごす様子をニュースで見ていたので、2008年大統領選でのキャロライン・ケネディのオバマ支持は意外な気がした。その論功行賞により駐日大使に任命された彼女は、今回2016年の選挙でもTPPを巡って「ヒラリーのスカートを踏んでいる」と報道されている（「週刊新潮」2016年3月24日号）。

母親のジャッキーが支持していたヒラリー・クリントンをキャロラインはなぜ応援できないのか？ 1999年に飛行機事故で弟を亡くし、ケネディ王朝がクリントン家に取って代わられる危機感でもあるのだろうか？

3女王の1人、本物の女王になったかもしれないダイアナ元皇太子妃が、1997年に事故死したことはアメリカでも衝撃的に報道された。王室を持たないアメリカ人の英国王室への憧れぶりは、少々いじらしく感じられるほどだ。ダイアナの長男が結婚したキャサリン妃がニューヨークを訪れた際にも、連日メディアで大きく取り上げられている。ただし、キャサリン妃は離婚しそうにないので、ダイアナの後継としてニューヨークの女王になることはなさそうだ。

（河田桂子）

最終学歴	在外経験	キリスト教宗派	就任年齢(歳)	在職日数(日)
		監督教会派	57	2,865
ハーバード大学	蘭・英	ユニテリアン派	61	1,460
ウィリアム・アンド・メアリー大学	仏	ユニテリアン派	57	2,922
ニュージャージー大学(プリンストン大)		監督教会派	57	2,922
ウィリアム・アンド・メアリー大学	仏・英	監督教会派	58	2,922
ハーバード大学	露・仏・蘭・英	ユニテリアン派	57	1,461
		長老派	61	2,922
キンダーフック・アカデミー	英	オランダ改革派	54	1,461
ペンシルバニア大学中退	コロンビア	監督教会派	68	32
ウィリアム・アンド・メアリー大学		監督教会派	51	1,428
ノースカロライナ大学		メソジスト派	49	1,461
		監督教会派	64	492
		ユニテリアン派	50	969
ボードイン大学		監督教会派	48	1,461
ディケンソン大学	露・英	長老派	65	1,461
		長老派	52	1,504
		メソジスト派	56	1,419
ウエストポイント陸軍士官学校		メソジスト派	46	2,922
ハーバード大学ロースクール		メソジスト派	54	1,461
ウィリアムズ大学		ディサイプル派	49	200
ユニオン大学		監督教会派	51	1,262
		長老派	47	2,922
マイアミ大学		長老派	55	1,461
アレゲニー大学中退		メソジスト派	54	1,655
ハーバード大学		オランダ改革派	42	2,728
シンシナティ大学ロースクール	フィリピン	ユニテリアン派	51	1,461
ニュージャージー大学(プリンストン大)		長老派	56	2,922
オハイオ・セントラル大学		バプティスト派	55	882
アマースト大学		会衆派	51	2,040
スタンフォード大学	中・英・白	クエーカー派	54	1,461
ハーバード大学		監督教会派	51	4,423
		バプティスト派	60	2,841
ウエストポイント陸軍士官学校	比・英	長老派	62	2,923
ハーバード大学		カトリック	43	1,037
南西テキサス州教員養成大学		ディサイプル派	55	1,887
デューク大学ロースクール		クエーカー派	56	2,028
イェール大学ロースクール		監督教会派	61	896
アナポリス海軍兵学校		バプティスト派	52	1,462
ユーレカ大学		ディサイプル派	69	2,923
イェール大学	中	監督教会派	64	1,462
ジョージタウン大学、イェール大学ロースクール	英	バプティスト派	46	2,923
ハーバード大学ビジネススクール		メソジスト派	54	2,923
ハーバード大学ロースクール	インドネシア	ユナイテッド・チャーチ・オブ・キリスト	47	

歴代大統領経歴一覧

名　前	副大統領	閣僚	上院議員	下院議員	州知事	州議員	弁護士	軍職	その他
ワシントン								大　将	測量士、農園主
J.アダムズ	○						○		蘭・英公使
ジェファーソン	○	○			○	○	○		仏公使
マディソン		○		○			○		大陸会議代議員
モンロー		○	○		○	○	○	志願兵	仏特使、英公使
J.Q.アダムズ		○	○			○	○		蘭・露公使
ジャクソン			○	○			○		判事
バンビューレン	○	○	○		○	○	○		判事
W.ハリソン			○	○				少　将	駐コロンビア公使
タイラー	○		○	○	○	○	○		
ポーク				○	○	○	○		
テイラー								少　将	
フィルモア	○			○		○	○		
ピアース			○	○		○	○	准　将	
ブキャナン		○	○	○		○	○	志願兵	露・英公使
リンカーン				○		○	○	大　尉	雑貨店主
A.ジョンソン	○		○		○	○			軍政知事
グラント		○						大　将	
ヘイズ				○	○		○	少　将	
ガーフィールド				○		○	○	少　将	教師
アーサー	○						○	総監補	
クリーブランド					○		○		
B.ハリソン			○			○	○	准　将	
マッキンリー				○	○		○	少　佐	
T.ルーズベルト	○				○			義勇兵	海軍次官
タフト		○					○		フィリピン総督
ウィルソン					○		○		プリンストン大総長
ハーディング			○						新聞社社主
クーリッジ	○				○	○	○		
フーバー		○							鉱山技師
F.ルーズベルト					○	○	○		海軍次官補
トルーマン	○		○					中　尉	農民・小間物店主
アイゼンハワー								大　将	コロンビア大総長
ケネディ			○	○				中　尉	新聞社勤務
L.ジョンソン	○		○	○				少　佐	議員スタッフ
ニクソン	○		○	○			○	少　佐	
フォード	○			○			○	少　佐	フットボールコーチ
カーター					○	○		大　尉	ピーナッツ農園主
レーガン					○			少　尉	俳優
ブッシュ（父）	○			○				中　尉	CIA長官・石油事業
クリントン					○		○		州法務長官
ブッシュ（子）					○			州　兵	球団経営者
オバマ			○			○	○		

面積順位	最大都市	よく知られたもの
3	ロサンゼルス	ワイン、ハリウッド、シリコンバレー、ゴールドラッシュ
2	ヒューストン	NASA、TEX-MEX料理、アラモ砦、独立国時代
27	ニューヨーク	ウォール街、ブロードウェイ・ミュージカル、ナイアガラの滝
22	ジャクソンビル	ケネディ宇宙センター、マイアミ・ビーチ、柑橘類、キューバ難民
25	シカゴ	シアーズ、アル・カポネ、ロータリー・クラブ、マクドナルド
33	フィラデルフィア	自由の鐘、ゲティスバーグ(南北戦争)、ハーシー・チョコレート
34	コロンバス	アーミッシュ村、クリーブランド管弦楽団、ロックフェラー
11	デトロイト	自動車産業、ケロッグ社、マドンナ
47	ニューアーク	ミスアメリカ・コンテスト、プリンストン大学、フランク・シナトラ
24	アトランタ	「風と共に去りぬ」、コカ・コーラ、CNN
28	シャーロット	タバコ、モータースポーツ、バンク・オブ・アメリカ
35	バージニアビーチ	アーリントン国立墓地、マウント・バーノン、フレディ・マック
44	ボストン	プリマス入植地、ハーバード大学、クラムチャウダー
38	インディアナポリス	コーンベルト、マイケル・ジャクソン、インディ500
18	シアトル	ボーイング、スターバックス、レーニア山(タコマ富士)
36	メンフィス	バーボンウィスキー、カントリーミュージック、エルビス・プレスリー
21	カンザスシティ	バドワイザー、セントルイス五輪、ミシシッピ川
23	ミルウォーキー	ミラー・ビール、ハーレーダビッドソン、フランク・ロイド・ライト
42	ボルチモア	海軍兵学校、キャンプデービット、ボルチモアのウォーターフロント
6	フェニックス	グランドキャニオン、半導体、フーバーダム
12	ミネアポリス	デイリークイーン、カーギル(穀物)、高速道路橋崩落事故
31	ニューオーリンズ	ディキシーランドジャズ、クレオール料理、ハリケーン・カトリーナ
30	バーミングハム	ヘレン・ケラー、公民権運動(キング牧師)、「アラバマ物語」
8	デンバー	ロッキー山脈、空軍士官学校、コロンバイン高校銃乱射事件
37	ルイビル	ケンタッキー・ダービー、フライドチキン、フォートノックスの金塊
40	コロンビア	サムター要塞の戦い、チャールストン(ダンス)、マートルビーチ
20	オクラホマシティ	インディアン涙の道、連邦ビル爆破事件、「オクラホマ!」(ミュージカル)
9	ポートランド	ナイキ、クレーターレイク、メトロ(直接民主主義)
48	ブリッジポート	イェール大学、GE、日本人学校
26	デモイン	トウモロコシ生産量全米1位、党員集会、「マディソン郡の橋」
32	ジャクソン	ブルース音楽、テネシー・ウィリアムズ、最貧州
15	ウィチタ	「オズの魔法使い」、アメリカのパン籠、竜巻
29	リトルロック	ホットスプリング(温泉保養地)、マッカーサー元帥、なまず
13	ソルトレイクシティ	モルモン教本部、モニュメントバレー(「駅馬車」ロケ地)、冬季五輪
7	ラスベガス	ラスベガスのカジノ、簡単な結婚・離婚、核実験場
5	アルバカーキ	サンタフェ、「ロズウェルUFO事件」、ロスアラモス(原爆の発明)
41	チャールストン	アパラチア山脈、犯罪率全米最低、石炭
16	オマハ	高級牛肉(オマハ牛)、大草原、ウォーレン・バフェット
14	ボイシ	じゃがいも、スネーク川、ジェム・ステート
39	ポートランド	ロブスター、海軍基地、ロングフェロー(詩人)
46	マンチェスター	ポーツマス条約、御影石(花崗岩)、予備選挙
43	ホノルル	キラウェア火山、パールハーバー、ハワイアン・ミュージック
50	プロビデンス	全米最小の州、高級リゾート・ニューポート、ペリー提督
4	ビリングス	第7騎兵隊カスター将軍、ゲーリー・クーパー、氷河
49	ウィルミントン	法人の州(特殊な会社法)、デュポン、最初に州成立
17	スーフォールズ	ラシュモア山、ウーンデッドニーの虐殺、ゲートウェイ(パソコンメーカー)
19	ファーゴ	セオドア・ルーズベルト国立公園、風力発電、デュラム小麦
1	アンカレッジ	マッキンリー山、石油・天然ガス、アリューシャン列島
45	バーリントン	キリントン・スキー場、メイプルシロップ、リンゴ酢と蜂蜜
10	シャイアン	イエローストーン、「ララミー牧場」、女性参政権

50州一覧

人口順位	州　　名		略　称	州設立	選挙人数
1	カリフォルニア州	California	CA	1850	55
2	テキサス州	Texas	TX	1845	38
3	ニューヨーク州	New York	NY	1788	29
4	フロリダ州	Florida	FL	1845	29
5	イリノイ州	Illinois	IL	1818	20
6	ペンシルバニア州	Pennsylvania	PA	1787	20
7	オハイオ州	Ohio	OH	1803	18
8	ミシガン州	Michigan	MI	1837	16
9	ニュージャージー州	New Jersey	NJ	1787	14
10	ジョージア州	Georgia	GA	1788	16
11	ノースカロライナ州	North Carolina	NC	1789	15
12	バージニア州	Virginia	VA	1788	13
13	マサチューセッツ州	Massachusetts	MA	1788	11
14	インディアナ州	Indiana	IN	1816	11
15	ワシントン州	Washington	WA	1889	12
16	テネシー州	Tennessee	TN	1796	11
17	ミズーリ州	Missouri	MO	1821	10
18	ウィスコンシン州	Wisconsin	WI	1848	10
19	メリーランド州	Maryland	MD	1788	10
20	アリゾナ州	Arizona	AZ	1912	11
21	ミネソタ州	Minnesota	MN	1858	10
22	ルイジアナ州	Louisiana	LA	1812	8
23	アラバマ州	Alabama	AL	1819	9
24	コロラド州	Colorado	CO	1876	9
25	ケンタッキー州	Kentucky	KY	1792	8
26	サウスカロライナ州	South Carolina	SC	1788	9
27	オクラホマ州	Oklahoma	OK	1907	7
28	オレゴン州	Oregon	OR	1859	7
29	コネチカット州	Connecticut	CT	1788	7
30	アイオワ州	Iowa	IA	1846	6
31	ミシシッピ州	Mississippi	MS	1817	6
32	カンザス州	Kansas	KS	1861	6
33	アーカンソー州	Arkansas	AR	1836	6
34	ユタ州	Utah	UT	1896	6
35	ネバダ州	Nevada	NV	1864	6
36	ニューメキシコ州	New Mexico	NM	1912	5
37	ウエストバージニア州	West Virginia	WV	1863	5
38	ネブラスカ州	Nebraska	NE	1867	5
39	アイダホ州	Idaho	ID	1890	4
40	メイン州	Maine	ME	1820	4
41	ニューハンプシャー州	New Hampshire	NH	1788	4
42	ハワイ州	Hawaii	HI	1959	4
43	ロードアイランド州	Rhode Island	RI	1790	4
44	モンタナ州	Montana	MT	1889	3
45	デラウェア州	Delaware	DE	1787	3
46	サウスダコタ州	South Dakota	SD	1889	3
47	ノースダコタ州	North Dakota	ND	1889	3
48	アラスカ州	Alaska	AK	1959	3
49	バーモント州	Vermont	VT	1791	3
50	ワイオミング州	Wyoming	WY	1890	3

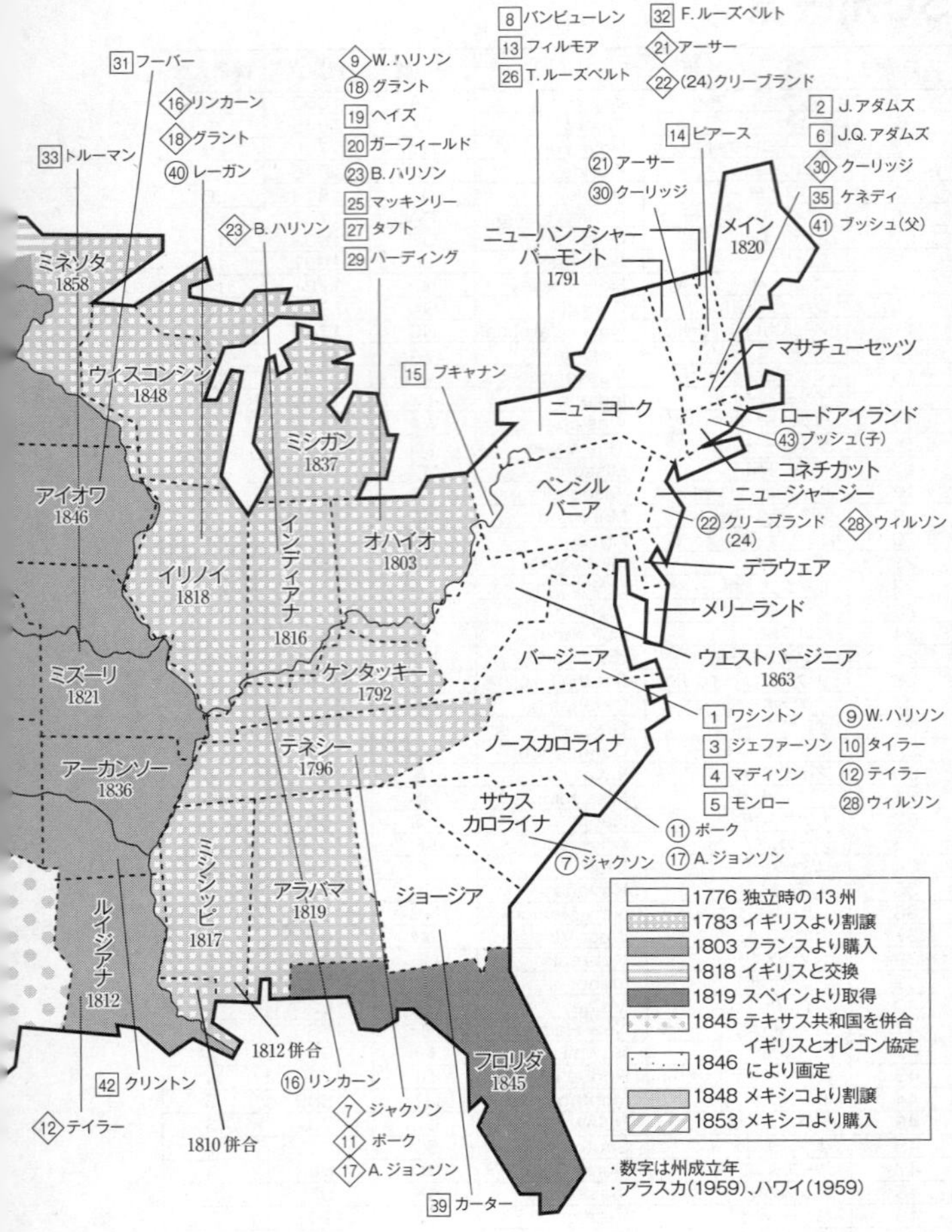

8 バンビューレン
13 フィルモア
26 T. ルーズベルト
32 F. ルーズベルト
21 アーサー
22 (24)クリーブランド
31 フーバー
9 W. ハリソン
18 グラント
19 ヘイズ
20 ガーフィールド
23 B. ハリソン
25 マッキンリー
27 タフト
29 ハーディング
16 リンカーン
18 グラント
40 レーガン
33 トルーマン
23 B. ハリソン
2 J. アダムズ
6 J.Q. アダムズ
30 クーリッジ
35 ケネディ
41 ブッシュ(父)
14 ピアース
21 アーサー
30 クーリッジ
ミネソタ
1858
ウィスコンシン
1848
ニューハンプシャー
バーモント
1791
メイン
1820
マサチューセッツ
15 ブキャナン
ニューヨーク
ロードアイランド
43 ブッシュ(子)
ミシガン
1837
コネチカット
アイオワ
1846
ペンシルバニア
ニュージャージー
22 クリーブランド
(24)
28 ウィルソン
オハイオ
1803
デラウェア
イリノイ
1818
インディアナ
1816
メリーランド
ウエストバージニア
1863
バージニア
ミズーリ
1821
ケンタッキー
1792
1 ワシントン
3 ジェファーソン
4 マディソン
5 モンロー
9 W. ハリソン
10 タイラー
12 テイラー
28 ウィルソン
ノースカロライナ
テネシー
1796
アーカンソー
1836
サウス
カロライナ
11 ポーク
17 A. ジョンソン
7 ジャクソン
ミシシッピ
1817
アラバマ
1819
ジョージア
ルイジアナ
1812
フロリダ
1845
1812 併合
42 クリントン
16 リンカーン
12 テイラー
1810 併合
7 ジャクソン
11 ポーク
17 A. ジョンソン
39 カーター
1776 独立時の13州
1783 イギリスより割譲
1803 フランスより購入
1818 イギリスと交換
1819 スペインより取得
1845 テキサス共和国を併合
1846 イギリスとオレゴン協定により画定
1848 メキシコより割譲
1853 メキシコより購入
・数字は州成立年
・アラスカ(1959)、ハワイ(1959)

領土拡大と大統領出身州

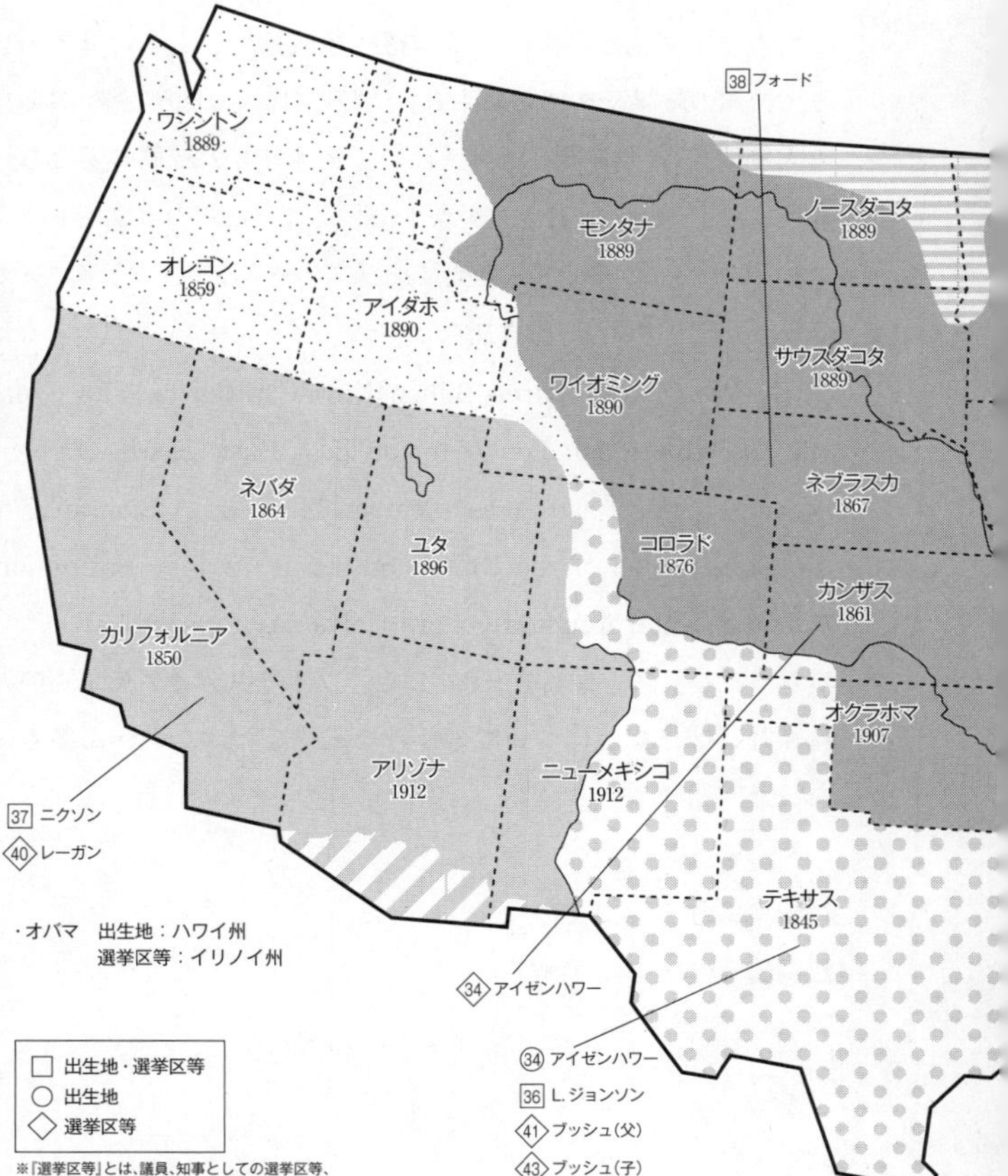

※『選挙区等』とは、議員、知事としての選挙区等、当選時に地元として意識されていた州を指す。

◎参考文献
『歴代アメリカ大統領総覧』（高崎通浩・中公新書ラクレ）、『アメリカ大統領を読む事典』（宇佐美滋・講談社＋α文庫）、『アメリカ大統領の陰謀＆タブー事件史』（別冊宝島）、『図解雑学 アメリカ大統領』（高畑昭男・ナツメ社）、『アメリカ大統領の妻たち』（ポール・F・ボラー Jr. メタモル出版）、『妻たちのホワイトハウス』（ムルハーン千栄子・集英社）、『ファーストレディ』（マーガレット・トルーマン・講談社）。
Clyde Prestowitz, Three Billion New Capitalists: The Great Shift of Wealth and Power to the East（Basic Books, 2005）。
Broadus Mitchell and Louise Pearson Mitchell, A Biography of the Constitution of the United States: Its Origin, Formation, Adoption, Interpretation（Oxford University Press, 1975）。
ホワイトハウス、財務省HP。また、ウィキペディア英語版の大統領及び閣僚などについての詳細な記述などはたいへん参考になった。

◎編集協力
江渕眞人（コーエン企画）

◎共同執筆者の略歴

古家弘幸（ふるや・ひろゆき）

1972年京都府宮津市生まれ。エディンバラ大学大学院博士課程修了、Ph.D.（History）。徳島文理大学総合政策学部准教授。著書：『人物で読む経済学史』『物語 経済史』（以上、ふくろう出版。本書経済史部分はこれを基礎としている）など。

吉田健一（よしだ・けんいち）

1973年京都市左京区生まれ。大谷大学文学部卒業。立命館大学大学院政策科学研究科修士課程修了。財団法人松下政経塾第22期生。現在、鹿児島大学学術研究院准教授。政治学・公共政策学・東洋政治思想・近代日本思想など研究。

河田桂子（かわた・けいこ）

1954年滋賀県大津市生まれ。同志社大学文学部英文学科卒（アメリカ文化研究）。1992年から6年間ニューヨーク近郊に住みDV被害者シェルターのボランティア。産業カウンセラー。日本メンタルヘルス協会公認心理カウンセラー。キャリアコンサルタントネットワーク京都所属。NPO「若者と家族のライフプランを考える会」理事長。

本書は二〇〇九年一月、ＰＨＰ研究所より刊行された『アメリカ歴代大統領の通信簿』を大幅に加筆・修正して文庫化したものです。

一〇〇字書評

切り取り線

購買動機（新聞、雑誌名を記入するか、あるいは○をつけてください）	
□（　　　　　　　　　　　）の広告を見て	
□（　　　　　　　　　　　）の書評を見て	
□ 知人のすすめで	□ タイトルに惹かれて
□ カバーがよかったから	□ 内容が面白そうだから
□ 好きな作家だから	□ 好きな分野の本だから

●最近、最も感銘を受けた作品名をお書きください

●あなたのお好きな作家名をお書きください

●その他、ご要望がありましたらお書きください

住所	〒				
氏名		職業		年齢	
新刊情報等のパソコンメール配信を 希望する・しない	Eメール	※携帯には配信できません			

あなたにお願い

この本の感想を、編集部までお寄せいただけたらありがたく存じます。今後の企画の参考にさせていただきます。Eメールでも結構です。

いただいた「一〇〇字書評」は、新聞・雑誌等に紹介させていただくことがあります。その場合はお礼として特製図書カードを差し上げます。

前ページの原稿用紙に書評をお書きの上、切り取り、左記までお送り下さい。宛先の住所は不要です。

なお、ご記入いただいたお名前、ご住所等は、書評紹介の事前了解、謝礼のお届けのためだけに利用し、そのほかの目的のために利用することはありません。

〒一〇一-八七〇一
祥伝社黄金文庫編集長　岡部康彦
☎〇三（三二六五）二〇八四
ohgon@shodensha.co.jp

祥伝社ホームページの「ブックレビュー」からも、書けるようになりました。

http://www.shodensha.co.jp/bookreview/

祥伝社黄金文庫

アメリカ歴代大統領《れきだいだいとうりょう》の通信簿《つうしんぼ》

44代全員《だいぜんいん》を5段階評価《だんかいひょうか》で格付《かくづ》け

平成28年7月20日　初版第1刷発行

著　者　八幡和郎《やわたかずお》

発行者　辻 浩明

発行所　祥伝社《しょうでんしゃ》

〒101－8701
東京都千代田区神田神保町3－3
電話　03（3265）2084（編集部）
電話　03（3265）2081（販売部）
電話　03（3265）3622（業務部）
http://www.shodensha.co.jp/

印刷所　堀内印刷

製本所　ナショナル製本

Printed in Japan　© 2016, Kazuo Yawata　ISBN978-4-396-31697-6 C0195